Michael Winterhoff

Lasst Kinder wieder Kinder sein!

Oder: Die Rückkehr zur Intuition

In Zusammenarbeit mit Carsten Tergast

GOLDMANN

Alle Ratschläge in diesem Buch wurden vom Autor und vom Verlag sorgfältig erwogen und geprüft. Eine Garantie kann dennoch nicht übernommen werden. Eine Haftung des Autors beziehungsweise des Verlags und seiner Beauftragten für Personen-, Sach- und Vermögensschäden ist daher ausgeschlossen.

Verlagsgruppe Random House FSC® N001967
Das für dieses Buch verwendete FSC®-zertifizierte Papier *Classic 95*
liefert Stora Enso, Finnland.

4. Auflage
Vollständige Taschenbuchausgabe Januar 2014
Wilhelm Goldmann Verlag, München,
in der Verlagsgruppe Random House GmbH
© 2011 Gütersloher Verlagshaus, Gütersloh,
in der Verlagsgruppe Random House GmbH
Umschlaggestaltung: Uno Werbeagentur, München
Umschlagillustration: FinePic®, München
Satz: Uhl + Massopust, Aalen
Druck und Bindung: GGP Media GmbH, Pößneck
CB · Herstellung: IH
Printed in Germany
ISBN 978-3-442-17410-2
www.goldmann-verlag.de

Besuchen Sie den Goldmann Verlag im Netz

Inhalt

Ein Wort vorweg –
Warum ich dieses Buch schreibe 9
   Die Position des Erwachsenen in der
   heutigen Zeit 23
   Wie aus dem analogen Leben das digitale wurde –
   Eine kleine Zeitreise 25
   Wie sehen wir Kinder heute? 33
   Kinder sind ein Ruhepol 39

Achtung: Katastrophen überall! 43
   Die Depression nimmt zu –
   Alltag eines Allgemeinmediziners 55
   Was bei tatsächlichen Katastrophen
   mit unserer Psyche geschieht 58

Das Hamsterrad 63
   Warum antwortest du nicht? Der Zwang zur
   permanenten Erreichbarkeit 74
   Entscheiden Sie sich JETZT –
   Wenn aus Freiheit Zwang wird 77
   Wir haben die freie Auswahl.
   Aber wollen wir das überhaupt? 81
   Schneller, höher, weiter – Nichts ist beständiger
   als die Unbeständigkeit 93

Inhalt

Ein Treffen mit Thomas-Kantor
Georg Christoph Biller 94
Das eigentlich Wertvolle ist im Grunde
die Intuition (Albert Einstein) 98
War früher alles besser? 101
Wir halten uns selbst nicht mehr aus! 112
Wir sind außer uns – statt in uns selbst zu
ruhen 116
Die Frequenz ist entscheidend 126
Der Politikbetrieb als Menetekel
der gesellschaftlichen Entwicklung 139
Nachrichten eines ganz normalen Tages –
Sammlung aus verschiedenen Medien 143
Echter Stress und Phantomstress 149

Es dreht und dreht und dreht.
Wie Kinder den Alltag erleben, wenn ihre Eltern
sich im Hamsterrad befinden 159
Wie Langeweile Kreativität erzeugt 169
Muße: Lust, Glück und wahres Leben 172
Ein Gespräch mit Margot Käßmann –
Halt im Glauben finden 181

Sinnsuche und Ruhe sind wichtig – funktionieren
aber erst, wenn das Hamsterrad still steht 187
Was können wir tun? 193
Bewusster die Kontrapunkte setzen.............. 195

Die Suche nach einem Sinn 197
Wir sind die unfreieste Menschengeneration
aller Zeiten, weil wir uns selbst nicht mehr
aushalten 199
Was uns fehlt, sind Schlüsselerlebnisse 207
In sich sein – und von außen auf sich schauen...... 215
Kinder Kinder sein lassen – und Erwachsene
Erwachsene 217

Eine gute Zukunft –
für uns und unsere Kinder und Enkel 225

Register.. 231

Ein **Wort** vorweg – **Warum ich** dieses **Buch** schreibe

Vielleicht kennen Sie das: Der Tag neigt sich dem Ende entgegen, die Arbeit ist getan, die Kinder sind im Bett, Ruhe kehrt ein. Ruhe? Keineswegs. Objektiv mag um Sie herum zwar Ruhe herrschen, doch in Ihnen rotiert etwas immer weiter. Die Gedanken lassen Sie nicht los, Gedanken an den abgelaufenen Tag, Gedanken an den neuen Tag, seine Anforderungen, den zu erwartenden Stress.

Dieser Zustand, der für Menschen in speziellen, krisenbehafteten Lebensphasen nicht ungewöhnlich ist, scheint zum Beginn des 21. Jahrhunderts von der Ausnahme zur Normalität geworden zu sein. Bücher erscheinen, Zeitschriften produzieren Geschichte um Geschichte, Sonderheft um Sonderheft, die Arztpraxen sind voll mit Patienten, welche die Symptomatik zeigen, um die es in den Büchern und Heften geht. Namen hat das Leiden, von dem die Rede ist, viele: Depression, Burn-out, Stress, Mega-Stress, Erschöpfungssyndrom, um nur einige zu nennen.

Wie auch immer man es nennen und voneinander abgrenzen mag: Das Gefühl der persönlichen Überforderung ist eines *der* Krisensymptome der modernen Gesellschaft.

Für viele Menschen beschränkt sich das nicht auf die abendliche Gedankenrotation. Überlegen Sie selbst: Fühlen Sie sich überdurchschnittlich oft gehetzt, von einer unsichtbaren Kraft immer weiter getrieben, ohne Möglichkeit, zwischendurch zur notwendigen Ruhe zu kommen? Tun Sie sich schwer, selbst kleine Entscheidungen schnell zu treffen, weil Sie Angst vor den Auswirkungen haben? Haben Sie immer häufiger die Befürchtung, die Arbeit nicht zu bewältigen oder den Anforderungen Ihres privaten Umfeldes nicht gerecht werden zu können? Wer sich umhört im Bekanntenkreis, auf andere Menschen achtet, in sich selbst hineinhorcht, merkt schnell: All diese Fragen sind mehr oder weniger rhetorischer Natur, sehr viele Menschen haben heute das Gefühl, ständig nur noch Listen abarbeiten zu müssen und den täglichen Anforderungen kaum nachkommen zu können.

Das Auftreten von Überforderungssymptomen, von Stresssituationen ist indes natürlich nicht neu und auch nicht der Anlass für mich, mich damit zu befassen. Die meisten Menschen erleben persönliche Krisen, in denen diese Symptome vollkommen normal sind. Das kann das Ende einer Liebesbeziehung genauso sein wie der Tod eines nahestehenden Menschen, eine schwere Erkrankung oder andere schlimme Dinge. In diesen Krisenzeiten ist es für den Einzelnen ganz normal, nicht zur Ruhe zu kommen, sich mit dem

Alltag überfordert zu fühlen und irgendwie neben sich zu stehen. Das ändert sich in der Regel, wenn diese persönliche Krise überwunden ist, die Normalität wieder in den Fokus rückt und der Stress nachlässt.

Davon ist in diesem Buch aber nicht die Rede. Mir geht es um einen Dauerzustand, eine Krise ohne ganz konkreten individuellen Anlass, die nach und nach immer mehr Menschen in unserer Gesellschaft erreicht und sich damit auf diese und nachfolgende Generationen auswirkt.

Damit ist auch der Grund benannt, warum ich als Kinderpsychiater dieses Buch schreibe. Für individuelle Lebenskrisen von Erwachsenen wäre ich zunächst einmal gar nicht »zuständig«. Das gesellschaftliche Krisensymptom, das ich hier analysiere, wirkt sich aber auf unser Verhältnis zu Kindern aus, auf die Beziehung zwischen Kindern und Erwachsenen, seien es Eltern, Großeltern, pädagogisch tätige Menschen wie Lehrer oder Erzieherinnen oder alle anderen, die mit Kindern umgehen.

Wir alle lieben Kinder, und ich habe nicht zuletzt aus dieser Tatsache heraus auch meinen Beruf ergriffen. Es ist schön, Kinder zu haben, und ohne sie ist eine Gesellschaft weder denkbar noch überlebensfähig. Trotzdem erleben wir in den letzten Jahren einen Trend der öffentlichen Berichterstattung über Kinder, in denen diese vor allem als Problemfälle erscheinen.

Dafür gibt es handfeste Gründe. Die Zahl der emotional und sozial auffälligen Kinder und Jugendlichen steigt in der

Ein Wort vorweg

Tat in besorgniserregendem Maße. Sahen Grundschullehrer vor 20 Jahren in ihrer Klasse einen kleinen Teil auffällige Kinder, während der Rest sich auf einem altersgemäßen Entwicklungsniveau befand, so haben sich heute oft die Verhältnisse umgedreht. In Grundschulen gehört es heute zum ganz normalen Alltag, dass die ersten Monate nach der Einschulung weniger damit angefüllt sind, mit dem Erlernen des Lesens, des Schreibens, des Rechnens zu beginnen. Bevor es so weit ist, müssen Lehrer sich zunächst einmal damit befassen, einigermaßen sicherzustellen, dass Unterricht überhaupt möglich ist, sprich: zu erreichen, dass der Großteil der Klasse sich auf den Unterricht und den Lehrer konzentriert, ihm zuhört und Regeln akzeptiert, ohne die eine Klassengemeinschaft nicht funktionieren kann. Dazu sind heute immer weniger Kinder in der Lage, weil ihnen die notwendigen Entwicklungsschritte der Psyche im sozialen und emotionalen Bereich fehlen. Der Lehrer wird dadurch nicht als Lehrer erkannt, das Gleiche gilt für Strukturen und Abläufe, die für den Lernerfolg notwendig sind.

Wer sich darüber wundert, beklagt sich in der Regel, dass die Kinder schlecht erzogen seien. Darüber wird dann viel diskutiert, die Zahl und Heftigkeit der Streitigkeiten über Erziehungsstile und -methoden in den letzten Jahren sind Legende.

Meine Arbeit als Kinderpsychiater hat demgegenüber einen ganz anderen Schwerpunkt. Ich mache mir nicht so sehr Gedanken über diese Stile und Methoden, spreche auch

Ein Wort vorweg

nicht über die beliebten Themen Disziplin, Ordnung, Grenzen setzen oder andere Standardthemen der Diskussion. Ich beschäftige mich mit der Beziehung zwischen Erwachsenen und Kindern, stelle die Frage, ob Kinder im Erwachsenen heute noch in ausreichendem Maße ein Gegenüber vorfinden, an dem sie sich orientieren und entwickeln können, an dem sie im besten Sinne des Wortes »er-wachsen« können.

Diese Frage muss für die letzten Jahre in zunehmendem Maße mit Nein beantwortet werden. Kinder werden heute in großer Zahl im Rahmen einer Symbiose groß. So bezeichne ich eine Form der Beziehungsstörung, die sich hauptsächlich im familiären Rahmen, also zwischen Eltern und Kindern, beobachten lässt. Eltern unterscheiden dabei nicht mehr zwischen sich und ihrem Kind, sondern denken und handeln, als wenn es sich beim Nachwuchs um einen Teil ihrer selbst handeln würde. Aus diesem Grunde spreche ich von einer Symbiose, also einer Verschmelzung der Psyche von Eltern und Kind. Dabei ist es wichtig zu wissen, dass dieser Vorgang unbewusst ist. Es geht also nicht darum, schuldhaft Eltern vorzuwerfen, sie behandelten ihre Kinder falsch. Und eben deswegen geht es auch nicht um falsche oder fehlerhafte Erziehung.

Die Erziehungsbemühungen von Eltern sind heute vielleicht größer denn je. Eltern interessieren sich für ihre Kinder, sie opfern ihre Zeit, sie kümmern sich zwischen A wie Aufstehen und Z wie Zubettgehen um alles, was ihre Kinder angeht. Und sie erziehen anders, als es in früheren Zeiten üblich war, weil sie gelernt haben, dass Härte und Druck in der Erziehung nichts zu suchen haben.

Man sollte meinen, dass diese Entwicklung die Zunft der Kinderpsychiater zum Aussterben gebracht hätte. Das ist nicht der Fall. Fakt ist jedoch, dass ich in meiner Funktion heute mit ganz anderen Störungsbildern beschäftigt bin, deren Ursachen nicht mehr primär im Familiensystem liegen, sondern auf große Veränderungen im »System Gesellschaft« zurückzuführen sind.

Wenn mir vor 15 Jahren ein Kind wegen bestimmter Auffälligkeiten vorgestellt wurde, lag die Ursache für das Verhalten des Kindes in den meisten Fällen in der individuellen Lebensgeschichte der Eltern. Dazu war es wichtig zu erfahren, wie die Eltern groß geworden sind und wie sie sich als Kind gefühlt haben. Manchmal spielte auch das Erleben der Schwangerschaft und der Geburt eine Rolle. Gerade negative Erlebnisse mit den eigenen Eltern konnten sich auf den Umgang mit den eigenen Kindern auswirken.

Diese »klassischen« Fälle gibt es natürlich immer noch, doch mit der steten Zunahme der problematischen Fälle wurde mir deutlich, dass hier nicht mehr in jedem einzelnen Fall eine solche individuelle Problemgeschichte vorliegen konnte, die für das nicht altersgemäße Verhalten verantwortlich war. Ganz offensichtlich hatte sich hier eine anders gelagerte Dynamik entwickelt, die es zu analysieren galt, um den neuen Herausforderungen Herr zu werden.

Ein Wort vorweg

Es geht eben nicht mehr primär um die Auswirkungen der eigenen Lebensgeschichte auf das Verhalten dem Kind gegenüber, sondern maßgeblich um gesellschaftliche Prozesse, die das Erwachsenen-Kind-Verhältnis verändern. Diese Erkenntnis ist immer mein Antrieb gewesen, mich mit der Thematik zu beschäftigen. Die Sorge um die Zukunft dieser Kinder und damit um die Zukunft unserer Gesellschaft war auch meine Triebfeder, meine Analyse bekannt zu machen. Damit sollten eindeutige Voraussetzungen geschaffen werden, gegensteuern zu können und Kindern wieder die Möglichkeit einer altersgemäßen Entwicklung ihrer Psyche zu ermöglichen.

Ziel dieses Buches im Speziellen und meiner Arbeit im Allgemeinen ist also niemals irgendeine Form von Schuldzuweisung oder Anklage, sondern Aufklärung. Aufklärung über gesellschaftliche Zusammenhänge, die sich auf die Beziehung zwischen Erwachsenen und Kindern auswirken und dafür sorgen, dass Kinder und Jugendliche zunehmend keine Chance haben, sich in einem entscheidenden Bereich ihrer Psyche zu entwickeln. Sie stagnieren in einem immer früheren Alter emotional und sozial, selbst wenn sie sich in anderer Hinsicht durchaus altersgemäß verhalten. Aus dieser Stagnation erklären sich dann die Auffälligkeiten, denen man heute überall begegnet und für die in der Regel eine fehlende oder falsche Erziehung im Elternhaus als Grund angeführt wird.

Die Auffälligkeiten, um die es dabei geht, können beispielsweise eine zunehmend fehlende Lern- und Leistungsbereitschaft sein, genauso wie Schwierigkeiten im sozialen Miteinander, fehlende Fähigkeit, in Konflikten eigene Anteile zu sehen, oder Wahrnehmungsprobleme. Schließlich spielt auch die Suchtproblematik eine Rolle, gerade im Bereich neuartiger Phänomene wie Online-Sucht. Beim Übergang von der Schule in den Beruf werden die Probleme besonders deutlich. So enthielt auch der Bundesbildungsbericht 2010 besorgniserregend hohe Zahlen im Bereich der nicht ausbildungsreifen Jugendlichen. Gleichzeitig steigt die Zahl der Betriebe, die nicht mehr ausbilden oder dies zumindest überlegen, weil sie seit Jahren keine geeigneten Bewerber mehr für ihre freien Stellen finden. Die Probleme der Jugendlichen zeigen sich dabei auf zwei Ebenen. Es fehlt sowohl an Fähigkeiten in den ganz normalen Kulturtechniken wie Lesen und Rechnen als auch an Sekundärtugenden wie Arbeitshaltung, Pünktlichkeit, Höflichkeit und Umgang mit anderen Menschen. Abläufe werden nicht erkannt, sodass viele Arbeiten gar nicht geleistet werden können, es fehlt an Empathie und dem Blick für die Bedürfnisse der Kollegen, sodass eine gedeihliche Zusammenarbeit kaum möglich ist.

All diese Dinge führen zu Unruhe und immer höherer Belastung für Eltern, Großeltern, Lehrer, Erzieherinnen, also für jeden, der in irgendeinem Zusammenhang erzieherisch mit Kindern umgeht. Sie sehen sich stetigen Vorwürfen von Seiten der Gesellschaft ausgesetzt, viele »Experten«

sagen ihre Meinung, bis hin zur totalen Boulevardisierung des Themas in Form von TV-Formaten wie der »Super-Nanny«.

Umso wichtiger ist die Feststellung, die auch als Folie für die Analyse in diesem Buch dienen kann: Die überwiegende Zahl dieser Kinder wirkt wie unerzogen, ist aber im Großen und Ganzen eher gut erzogen. Sie wirken wie unwillig, sind aber in Wirklichkeit überfordert.

Den Hintergrund dafür bilden also weder fehlende Erziehung noch individuelle neurotische Störungsbilder, sondern Entwicklungsstörungen im Hinblick auf die Psyche des Kindes.

Wir müssen uns von der Vorstellung verabschieden, dass Kinder mit einer fertig entwickelten Psyche geboren werden. Wenn das der Fall wäre, könnten partnerschaftliche Beziehungsmodelle zwischen Erwachsenen und Kindern, wie sie heute schon in ganz frühen Jahren die Regel sind, tatsächlich Erfolg haben und das Kind gut begleiten. Es hat aber seinen Grund, warum ein partnerschaftlicher Erziehungsstil erst bei Jugendlichen im pubertierenden Alter nach und nach angebracht ist. Jüngere Kinder werden davon restlos überfordert, ihre Psyche bildet sich maßgeblich in Abhängigkeit vom Verhalten der sie umgebenden Erwachsenen, also insbesondere der Eltern.

Dieses erwachsene Verhalten ist eigentlich in uns angelegt, es liegt uns im Blut. Die Rede ist von Intuition. Einer Intuition, die Eltern ganz selbstverständlich mit ihren kleinen Kindern umgehen lässt, ohne sich Gedanken über Erziehungsstile und pädagogische Modelle zu machen.

Denken Sie an das Beispiel einer Mutter, die gerade eben ein Kind geboren hat. Der Säugling ist nicht in der Lage, sein Hungergefühl auch nur einen kurzen Moment zu unterdrücken und auszuhalten (was einem erwachsenen Menschen durchaus über einen längeren Zeitraum möglich ist). Sobald sich der Hunger meldet, meldet sich auch der Säugling. Er schreit. Das Verhalten der Mutter ist in diesem Moment keine Frage des Nachdenkens. Ihre Intuition weist ihr den Weg und führt dazu, dass sie sich sofort liebevoll dem Kind zuwendet und es sättigt. Wichtig in unserem Zusammenhang: Sie macht es aus dem Bauch heraus, denn würde sie den Säugling schreien lassen, führte das bei ihr selbst zu negativen körperlichen Reaktionen wie Schweißausbrüchen, Zittern und Ähnlichem. Sie wüsste intuitiv, dass sie sich falsch verhält, und würde Abhilfe schaffen, indem der Hunger des Kindes sofort gestillt wird.

Dieselbe Intuition führt dazu, dass die Mutter ein Kind mit etwa acht oder neun Monaten auch mal einen Moment warten lassen kann. Das Schreien löst nicht mehr die gleichen körperlichen Unruhezeichen aus, sondern aus ihrer inneren Ruhe und Intuition heraus »weiß« die Mutter, dass ein kurzer Moment des Wartens für das Kind in Ordnung ist. Dieser Moment, so kurz er auch sein mag, ist für die Psyche des Kindes von großer Bedeutung; er würde dem Kind ermöglichen zu erleben, dass es einmal einen kleinen Augenblick warten muss. Diese wichtige Erfahrung, dass ein Bedürfnis nicht immer sofort zufriedengestellt wird, würde bei einer fortlaufenden psychischen Entwicklung im Kindes- und Jugendalter dazu führen, dass dieses Kind auf späteren Altersstufen seine Bedürfnisse zu regeln versteht.

Als Erwachsene »wissen« wir, dass wir nicht immer alles sofort bekommen können. Dieses »Wissen« ist aber ein implizit psychisch angelegtes Wissen, das nicht auf einem verstandesmäßigen Erfassen beruht. Wir denken nicht dauernd darüber nach, ob wir ein Bedürfnis jetzt oder später befriedigen, sondern regeln solche Dinge ganz automatisch. Wenn ich in einer Besprechung sitze, stelle ich Bedürfnisse wie Hunger, Müdigkeit, emotionale Befindlichkeiten ganz selbstverständlich zurück und konzentriere mich auf meinen Gesprächspartner und den Inhalt der Besprechung. Ich weiß, essen, schlafen, andere Bedürfnisse sind zu einem anderen Zeitpunkt dran.

Die Frage, ab wann die Mutter ihr Kind einen kleinen Moment warten lassen kann, ist nicht über den Kopf zu steuern, sondern ausschließlich über das Bauchgefühl. Es kann kein Ratgeberwissen geben, das bestimmt, ob dieser Moment mit acht, mit neun oder auch erst mit zehn Monaten gekommen ist. Die Mutter selbst würde, wenn sie in einem intuitiven Verhältnis zu ihrem Kind ist, diesen Zeitpunkt bemerken und ab da ganz selbstverständlich so vorgehen. Auch die Länge des Wartens kann nicht vorgegeben werden. Die klassischen Ratschläge früherer Zeiten, in denen Eltern

Ein Wort vorweg

aufgefordert werden, in bestimmten Situationen bis zu einer bestimmten Zahl zu zählen, funktionieren so nicht. Das eine Kind kann eine Minute warten, das andere zwei. Die Mutter würde den richtigen Zeitraum auch hier wieder über die Beziehung zu ihrem Kind individuell herausfinden.

Doch nicht nur Eltern, auch Erwachsene, die im Bereich der öffentlichen Erziehung mit Kindern zu tun haben, sind in Gefahr, mit unangemessenen Verhaltensweisen die kindliche Psyche zu belasten, wie folgendes Extrembeispiel zeigt. Es ist einem Blog entnommen und beschreibt Vorgänge an einer Berliner Grundschule in der Folge der katastrophalen Geschehnisse in Japan im Frühjahr 2011:

> »Was dieser Tage in der Schule meiner zwei Kinder (5. + 6. Klasse) abgeht, spottet jeder Beschreibung.
> Zum Teil kennt man das ja noch aus eigenen Schulzeiten, allerdings nicht aus der Grundschule. Dauernd musste man über das Waldsterben, das Ozonloch und den Atomkrieg schreiben, und irgendwelche Friedens-AGs haben auf dem Schulhof ›Fallout mit Sirenengeheul und anschließendem Niedersinken‹ oder ›Hilfe-wir-haben-demnächst-alle-Hautkrebs‹ veranstaltet usw. Aber so richtig ernsthaft psychisch mitgenommen hat das damals niemanden, soweit ich mich erinnere.
> Das ist jetzt offenbar anders. Ein Drittel der 5. Klasse ist inzwischen abwesend; Panikattacken, Nahrungsverweigerung oder Schlafmangel. […]

Ein Wort vorweg

Innerhalb einer Woche haben die beiden im Unterricht jeweils drei Filme zu Atomkatastrophen gesehen (eine vom Schulministerium über Tschernobyl, einen Spielfilm über eine [Atom?-]Giftwolke in Deutschland und einen über, glaube ich, Hiroshima; mit geburtsdefekten Lämmchen und haufenweise Verbrennungen in Schwarzweiß), 1x Strahlenschutzanzüge aus Alufolien entworfen, 2x an japanische Kinder, denen der Strahlentod droht, geschrieben, gefährliche Nahrungsmittel diskutiert, Milchpulver gehortet und an unzähligen Monologen der Lehrkräfte und der Stuhlkreisteilnehmer über ihre Angst vor dem Atom und dem Krebstod teilgenommen.«[1]

Das mag auf den ersten Blick extrem wirken, es zeigt jedoch, warum wir die Dinge als Ganzes betrachten müssen. Kinder orientieren sich immer am Erwachsenen, ob gewollt oder ungewollt, ob es sich um Eltern, Lehrer, Erzieher, Großeltern oder wen auch immer handelt. Damit gestalten wir automatisch die Zukunft, in der wir zu einem kleineren, aber unsere Kinder und Enkel zu einem größeren Teil leben werden.

In diesem kurzen Blogbeitrag lässt sich erkennen, in welcher Weise die Intuition nicht nur bei Eltern, sondern, wie in diesem Beispiel, vielleicht auch bei so manchem Lehrer

---

1. http://83273.homepagemodules.de/topic-threaded.php?board=83273&forum=14&threaded=1&id=3800&message=50169

schon verloren gegangen ist. Kinder in diesem Alter sind zumeist mit solch einem Thema in einer so konkreten Form noch überfordert, da sie noch nicht wie Erwachsene distanzieren können. Der Schrecken rückt somit viel zu nah an sie heran, das Unglück kommt ihnen vor, als wenn es direkt vor ihrer Haustür stattgefunden hätte und sie ganz konkret bedrohen würde. Die latente Bedrohung, die der erwachsene Lehrer spürt, überträgt sich hier fast ungefiltert auf die Kinder. Es geht dabei nicht darum, solche Themen von Fünft- oder Sechstklässlern fernzuhalten, sondern um die Art der Aufarbeitung, die hier meines Erachtens problematisch ist.

Damit ist jede Erkenntnis, die wir hinsichtlich unserer Verhaltensweisen haben, eine Erkenntnis, die über uns hinausweist und einen Blick in die Zukunft gestattet. Das war übrigens auch der Grund, warum mein erstes Buch »Warum unsere Kinder Tyrannen *werden*« heißt. Bis heute wird mir von Kritikern gerne vorgeworfen, ich würde Kinder pauschal als Tyrannen bezeichnen. Das ist Unsinn. Schon damals ging mein Blick in die Zukunft, und ich habe vor einem Szenario gewarnt, das ich kommen sehe, wenn wir nicht jetzt über psychische Entwicklung von Kindern, über die bewussten und unbewussten Verhaltensweisen von Erwachsenen und die gegenseitigen Beeinflussungen auf der Beziehungsebene nachdenken und etwas ändern.

Die Position des Erwachsenen in der heutigen Zeit

Der erwachsene Mensch ist heute in einer zwiespältigen Situation. Auf der einen Seite steht er als Erwachsener für Stabilität und Sicherheit, gerade auch im Verhältnis zu Kindern und Jugendlichen. Auf der anderen Seite geht ihm immer mehr all das verloren, was ihm diese Stabilität und Sicherheit gesichert hat.

Vieles in der Gesellschaft scheint nicht mehr zukunftsweisend, der einzelne Mensch wird immer stärker auf sich selbst zurückgeworfen, während das Erleben von Gemeinschaft auf dem Rückzug ist.

Wo Gemeinschaft fehlt, fehlt auch Anerkennung und die daraus resultierende Sicherheit. Wir erleben somit unsere Position heute oftmals als defizitär, es mangelt an Eckpfeilern, die uns unseres Standpunktes gewiss machen, und wir werden haltlos.

Solch ein Eckpfeiler ist beispielsweise das, was wir als Wahrheit bezeichnen. Wenn wir etwas für uns als wahr empfinden, verleiht diese Empfindung Sicherheit. Die Komplexität der heutigen Welt hat jedoch vor allem eine Erkenntnis gebracht: Es gibt viele Wahrheiten, und die technischen Möglichkeiten des Informationszeitalters sorgen dafür, dass sie alle ungeprüft und unsortiert auf uns einstürzen.

Warum war das bisher nicht so extrem? Es gab immer Institutionen, die die Funktion von sogenannten Gatekeepern[2] übernahmen. »Gatekeeper« ist hier zunächst einmal ganz wertneutral gemeint. Lange Zeit hatte die Kirche eine solche Funktion, sie definierte für die Gläubigen eine theologische Wahrheit, die diesen u. a. auch Sicherheit im Alltag brachte. Für die bürgerliche Gesellschaft hatte lange Zeit der Journalismus die Aufgabe eines Gatekeepers. Journalisten filterten Informationen, werteten sie und vermittelten sie, wobei die Art der Vermittlung so strukturiert war, dass sie den einzelnen Bürger zum reinen Empfänger der Nachrichten einteilte. Auf die Produktion hatte er keinen Einfluss.

Die Möglichkeit der neuen Medien, selbst zum Produzenten von Information zu werden, ist vordergründig ein Gewinn für die Meinungsfreiheit. Blogs, Soziale Medien, Bürgerjournalismus, überall im Netz der unbegrenzten Möglichkeiten tun sich Gelegenheiten für den bisherigen reinen Empfänger von News auf, selbst seine Meinung kundzutun.

Für unsere Psyche ist das aber ein zweischneidiges Schwert. Einerseits ist es zu begrüßen, dass die Stimme vieler gehört werden kann, die früher nie die Chance dazu bekommen hätten. Andererseits erhöht jede neue Stimme den

---

2. Ein Begriff, der im weitesten Sinne aus den Sozialwissenschaften stammt und so viel wie »Torwächter« bedeutet. Jemand also, der Informationen bzw. den Zugang dazu vorab filtert und damit Einfluss auf Quantität und Qualität der Informationen hat, die andere Menschen erreichen.

Stimmen-Wirrwarr, jede neue Meinung enthält auch ihre eigene Wahrheit, bis es irgendwann so viel und unüberschaubar ist, dass wir nicht mehr den Hauch einer Chance haben, etwas herauszufiltern, was uns tatsächlich noch als Wahrheit erscheint.

Das Problem, das ich hier beschreibe, lässt sich wahrscheinlich nicht zufriedenstellend lösen. Das ist auch nicht mein Vorhaben. Der Wunsch, vielen die Möglichkeit zu geben, sich zu äußern und gehört zu werden, ist berechtigt und scheint dem innersten Wesen von Demokratie zu entspringen. Die Sehnsucht, Informationen so aufbereitet zu bekommen, dass sie für den Einzelnen verträglich sind, ist allerdings ebenso berechtigt.

Wie aus dem analogen Leben das digitale wurde – Eine kleine Zeitreise

»Das Internet ist eine Illusionsmaschine, die jeden Suchenden einlädt und empfängt. Sie gibt ihm alles. Nur eines nicht: Realität. Wer gesund im Leben steht, sozusagen zentriert und fokussiert ist, dem wird die virtuelle Phantasterei nicht sonderlich wehtun können. Alle anderen jedoch werden alsbald ein Kopfschmerzmittel brauchen.«
(Richard K. Breuer, Autor und Blogger)

Ein Wort vorweg

Zeitreisen sind seit je ein beliebtes Thema in Filmen und Büchern. Meist geht es dabei um ziemlich heftige Zeitsprünge, jemand reist aus unserer Gegenwart ins Mittelalter oder eben 200 Jahre in die Zukunft. Besonders kompliziert machten es die »Zurück in die Zukunft«-Filme, wo Teil 1 in der Vergangenheit, Teil 2 in der Zukunft und Teil 3 in der Vergangenheit vor Teil 1 spielte.

All diesen Geschichten wohnt die gleiche faszinierende Vorstellung inne. Was wäre wohl, wenn man einen Menschen, der vor dem Hintergrund einer bestimmten Zeit lebt, in eine ganz andere Zeit verpflanzen würde? Wird er mit den veränderten Bedingungen zurechtkommen oder stürzt er in totale Konfusion? Nimmt man die zweite Hälfte des 20. und den Beginn des 21. Jahrhunderts, so lässt sich meines Erachtens mit Fug und Recht behaupten, dass eine Zeitreise von 1970 nach 1990 ungleich weniger Komplikationen mit sich bringen würde als eine von 1990 nach 2010. Beide Male handelt es sich um einen Zeitraum von nur 20 Jahren, und doch liegen Welten zwischen diesen beiden Sphären.

Von 1970 nach 1990 ändern sich in Politik und Medien vor allem Namen und Nuancen, zwischen 1990 und 2010 liegt außer heftigsten weltweiten politischen Umschwüngen vor allem die digitale Revolution.

Bis Anfang der 90er-Jahre ist das Leben im Wesentlichen analog. Und damit ist es auch vergleichsweise langsam. Um die Jahrtausendwende dann erleben wir eine ähnliche Beschleunigung, wie sie zur letzten Jahrhundertwende bereits durch die Industrialisierung stattgefunden haben muss. Nur dass dieses Mal die Auswirkungen auf die Psyche des Menschen noch gewaltiger sind.

Versuchen wir einmal, uns eine Zeitreise von 1990 in das Jahr 2010 vorzustellen. Welche Erlebnisse werden den 90er-Jahre-Menschen besonders erschrecken und warum?

Man könnte sich beispielsweise vorstellen, unser Mann würde seine Reise direkt nach dem Frühstück antreten. Da wäre er 1990 entweder von einem ganz normalen Wecker oder von einem Radiowecker geweckt worden, hätte beim Bäcker aus einer kleinen Auswahl an Brötchen gewählt und sich dann mit der lokalen Tageszeitung an den Frühstückstisch begeben, um mit seiner Frau und den zwei Kindern zu frühstücken.

Danach geht es los... Bleiben wir beim legendären »Zurück in die Zukunft« und stellen uns vor, wie der DeLorean des Professors programmiert wird auf 2010 und unser Mann einer ungewissen Zukunft entgegenbraust...

Landung im Bett des Jahres 2010. Neben dem Bett steht auch hier noch ein Radiowecker; bevor dieser jedoch aktiv wird, dringt aus dem Nachbarzimmer, in dem die 15-jährige Tochter wohnt, der durchdringende Weckton eines Handys. Unser Mann erlebt seine erste Irritation: Sich vom Telefon wecken zu lassen kennt er höchstens aus Hotels, wenn zum festgelegten Zeitpunkt die Rezeption durchruft.

Die Radionachrichten, die der kurze Zeit später ansprin-

gende Radiowecker bietet, bringen den ersten Katastrophenüberblick des Tages. War er es aus den 90ern noch gewohnt, das aktuelle politische Geschehen am Beginn der Nachrichten zu hören, so ereilt ihn jetzt ein diffuser Mix aus weltweiten Unglücksberichten, Boulevard und ein wenig Politik.

Als er sich an den Frühstückstisch begibt, läuft in der Küche der Fernseher. Auch sein 17-jähriger Sohn sitzt bereits am Tisch, in der Hand ein Touchscreen-Handy, auf das er so angestrengt starrt, dass der Morgengruß ausbleiben muss. Eine Zeitung gibt es zwar noch, sie liegt aber unbeachtet auf der Küchentheke. Im TV läuft eine Morgensendung, Frühstücksfernsehen, er erinnert sich, dass diese Art von Sendungen sich in seiner Zeit gerade zu etablieren begann. Im Jahr 2010 erhält er dort den gleichen Mix aus Unterhaltung und weltweiten Katastrophen, den ihm die Radionachrichten vorher auch schon boten, nur dass nun noch Bilder dazukommen, die sich tief in sein noch halbwaches Bewusstsein eingraben.

Er fragt seinen Sohn, was er mit dem Gerät in seiner Hand macht, und erhält nach einigem Zögern zur Antwort: »Ich schicke eMails und schreibe SMS, außerdem checke ich meinen Facebook-Account.« All diese Informationen lassen den Mann der 90er ratlos zurück. Mails, SMS, Facebook, in seinem inneren Wörterbuch gibt es diese Begriffe nicht. Er bittet seinen Sohn, ihn einen Blick auf das Handy werfen zu lassen und ihm zu zeigen, was er dort tut. Als er sieht, wie der 17-Jährige dort sogenannte »Webseiten« mit dem Finger hin- und herschiebt, beginnt er bereits, an seinem Verstand zu *zweifeln, und ruft sich die gängigen Science-Fiction-Filme in Erinnerung, die er aus den 90er-Jahren kennt. Gab es so was dort? Hatte einer der Regisseure oder Autoren genug Phantasie gehabt, sich das vorzustellen? Er kommt zu keinem Ergebnis.*

In seinem Kopf beginnen die Gedanken langsam, aber sicher zu rotieren. Der Tag hat doch noch kaum begonnen, trotzdem fühlt er sich bereits wie unter Dauerbeschuss. Er beginnt, die Zeitung zu lesen, als seine Tochter reinkommt, ebenfalls ihr Handy wie festgewachsen in der Hand und gleichfalls damit beschäftigt, Nachrichten zu lesen und zu verschicken.

Plötzlich sagt sie: »Mama schickt eine SMS, ob wir die Croissants pur oder mit Schinken, mit Käse oder mit Schokolade gefüllt haben möchten.« Sie schaut fragend in die Runde. Während ihr Bruder, ohne von seinem Handy aufzuschauen, murmelt: »Ich will lieber Baguettebrötchen«, weiß unser Mann gar nicht, was er antworten soll. Er erinnert sich, dass sie sich 1990 manchmal fragten, ob sie sich Croissants zum Frühstück gönnen sollten oder nicht. Von vier verschiedenen Varianten war da nie die Rede.

Langsam dämmert ihm, dass der Tag noch sehr spannend werden könnte. Alles kommt ihm merkwürdig beschleunigt vor, alle scheinen alles gleichzeitig zu machen und sich vom ersten Atemzug am Tage an mit Informationen vollzustopfen.

Nach dem Frühstück verabschiedet er sich und macht sich auf den Weg in die Firma. Unterwegs beobachtet er die Menschen. Das Bild, das sich ihm bietet, scheint ihm weiterhin

Ein Wort vorweg

wie aus einer fernen Zukunft zu kommen. Kaum jemand, der nicht andauernd auf einen kleinen Bildschirm schaut, irgendwelche Botschaften tippt oder in aller Öffentlichkeit lauthals telefoniert, manchmal sogar, ohne dabei überhaupt ein erkennbares Gerät in der Hand zu halten. Dabei wirken die Menschen nicht entspannter als in der 20 Jahre zurückliegenden Vergangenheit, viele machen einen angestrengten Eindruck, der Stress liegt für unseren Mann spürbar in der Luft, und er merkt langsam, wie er sich von dieser seltsamen Stimmung anstecken lässt.

Im Büro angekommen, wird er als Erstes Zeuge eines Streitgesprächs zwischen einem Vorgesetzten und seinem Mitarbeiter. Dieser rechtfertigt sich gerade dafür, dass er am Wochenende nicht in seinen dienstlichen Mailaccount geschaut hat und auf die dort lagernden Arbeitsaufträge am Montagmorgen noch nicht vorbereitet war. Der Vorgesetzte regt sich sehr darüber auf, und unser Mann beginnt zu überlegen, ob ihn sein Chef schon mal am Sonntag angerufen hat, um ihm mitzuteilen, was am Montag anliegt. Er kann sich nicht erinnern, dass das jemals der Fall gewesen ist. In dem Großraumbüro herrscht hektische Betriebsamkeit, das war früher auch schon so, aber auch hier scheint es ihm, als wenn sich die Geschwindigkeit noch erhöht hätte.

Der Tag geht in diesem Tempo vorüber, er hat wenig Gelegenheit, mit Kollegen zu reden (vielleicht ganz gut so, sonst würden sie sich noch über seine plötzliche Rückständigkeit wundern). Auch die Kollegen untereinander reden erheblich *weniger miteinander, sie schreiben sich Mails, selbst wenn sie nur eine Bürotür voneinander entfernt sind. Es ist, als ob sie kaum mehr persönlich miteinander kommunizieren würden, sondern fast nur noch virtuell. Als er am Abend den Heimweg antritt, wundert er sich schon ein gutes Stück weniger über die enge Verbindung, die viele Menschen mit ihren Mobilgeräten eingegangen zu sein scheinen. Er nimmt es hin und freut sich innerlich auf den Feierabend.*

Daheim angekommen, nimmt er sich vor, in Ruhe zu überlegen, womit er den Abend zubringen möchte. Doch Ruhe scheint ein Fremdwort geworden zu sein. Seine Frau erinnert ihn als Erstes daran, dass er sich mit dem Abendbrot beeilen möge, schließlich müsse man noch Zeit für den sportlichen Ausgleich haben. Will er lieber ein paar Runden laufen, sollen sie ins Fitness-Studio gehen? Als er antwortet, ihm stünde der Sinn eher nach einem Abend auf dem Sofa, vielleicht mit einem guten Film und einem Glas Rotwein, meint er ein leicht panisches Stirnrunzeln wahrzunehmen. »Ja, wenn du meinst, das können wir natürlich auch machen...« Ihre Antwort klingt nicht überzeugt, eher etwas ratlos und unruhig. Er fragt sich, was daran falsch sein könnte, er hat schließlich frei und kann sich in Ruhe entscheiden, was er mit dieser Zeit anfängt. Der Druck, unter dem seine Frau zu stehen scheint, ist ihm fremd, er kennt das nicht aus dem Jahr 1990 und beginnt langsam, sich zurückzuwünschen.

Ein Wort vorweg

An dieser Stelle quälen wir unseren Mann nicht weiter, sondern stellen ihm den DeLorean zur Verfügung und programmieren die Zeitmaschine wieder auf das Jahr 1990, damit die liebe Seele Ruh hat.

…

Er ist zurück. Und wird von seinen Lieben gefragt, wie es war. Sein erster Reflex ist zu sagen: »Das möchtet ihr gar nicht wissen!« Doch dann denkt er, dass das auch nicht stimmt. Also erzählt er. Von faszinierender Technik, die jedem Menschen an jedem Ort Zugang zu allen nur denkbaren Informationen erlaubt, von Freizeitgestaltungsmöglichkeiten, die jedes 1990 vorstellbare Maß überschreiten. Und er sieht die Augen der Seinen leuchten. Also blüht eine goldene Zukunft. Dann erzählt er von all den gehetzten Menschen, die er gesehen hat, von der seltsamen Stimmung, dem scheinbar in der Luft liegenden Druck, dem sich viele ausgesetzt fühlten und mit dem sie augenscheinlich nur schwer umgehen konnten. Und die Gesichter der Zuhörer werden schon nachdenklicher.

»Jeder kann aber doch immer noch für sich selbst entscheiden, ob er sich den Stress antut, oder?«, fragt seine Frau vorsichtig. »Ja, theoretisch schon. Die persönliche Freiheit des Einzelnen hat gegenüber unserer Zeit eher noch zugenommen. Das ist ja das Seltsame. Obwohl jeder alles kann und darf, gibt es eine unsichtbare, gefühlte Dynamik, die viele Menschen in eine bestimmte Richtung treibt und sie nicht zur Ruhe kommen lässt. Sie rotieren den ganzen Tag und hören auch

abends nicht damit auf, obwohl sie eigentlich die Möglichkeit dazu hätten. Es ist, als ob eine fremde Macht sie steuert und sie nicht mehr sich selbst gehören.«

Wie sehen wir Kinder heute?

»Was wir Kindheit nennen, hat es nicht immer gegeben.«
(Pressenotiz im TB-Klappentext von Philippe Ariès'
»Geschichte der Kindheit«)

Es ist immer schwierig, im Zusammenhang mit Kindern von negativen Entwicklungen zu sprechen. Man macht sich schnell zum Buhmann, der etwas ausschließlich Positives schlechtzureden versucht. Sobald das Wort Kinder in Zusammenhang mit Problemanalysen fällt, scheint ein Teil der Leser und Zuhörer einfach »dicht«zumachen, empfindet jegliche Diskussion als unangebracht und würde sie manches Mal wohl am liebsten verbieten. Das ist schade, weil es mitunter notwendige Debatten verhindert und weder Kindern noch Eltern irgendeinen Nutzen bringt. Im Gegenteil: Das krampfhafte Betonen der eigentlich selbstverständlichen Tatsache, dass Kinder etwas Wunderbares und Liebenswertes sind, zeigt nur, dass diese Selbstverständlichkeit und damit eben auch der intuitive Umgang mit Kindern abhandengekommen sind. Es wäre hilfreich, sich konstruktiv und objektiv mit solchen Fehlentwicklungen zu beschäfti-

Ein Wort vorweg

gen, anstatt zu unterstellen, es gehe darum, Kinder schlechtzumachen. Darum kann es genauso wenig gehen wie um eine Idealisierung. Beides behindert einen natürlichen Umgang mit Kindern, der diesen die bestmögliche Entwicklung ermöglicht.

Das 20. Jahrhundert hat in unserer westlichen Kultur für den Blick auf Kinder erhebliche Veränderungen und dabei vor allem Verbesserungen mit sich gebracht. Kinderarbeit ist verpönt, gesetzliche Schutzbestimmungen sind erheblich ausgeweitet worden, körperliche Strafen im Zusammenhang mit Kindererziehung sind gesellschaftlich geächtet. Ohne Zweifel: Die Gesellschaft hat in dieser Hinsicht viel geleistet.

Bei einem so differenzierten Blick auf Kinder, wie wir ihn heute also eigentlich haben, muss es doch verwundern, wenn die Kindheit als eigenständige, wunderbare Entwicklungsphase des Menschen mehr und mehr abgeschafft wird. Und zwar, obwohl wir es doch gerade als eine wichtige Errungenschaft der aufgeklärten Zeit betrachten dürfen, diesen Zeitabschnitt überhaupt als etwas Eigenständiges und Besonderes zu betrachten. Seine Abschaffung kommt im Grunde einem Rollback ins Mittelalter gleich, in dem die Kindersozialisation dadurch stattfand, dass schon ziemlich schnell nach dem Säuglingsalter das Kind sich in die erwachsene Gesellschaft einzugliedern und in ihr mitzuhelfen hatte:

»Die Dauer der Kindheit war auf das zarteste Kindesalter beschränkt, d. h. auf die Periode, wo das kleine Wesen nicht ohne fremde Hilfe auskommen kann; das Kind wurde also, kaum, dass es sich physisch zurechtfinden konnte, übergangslos zu den Erwachsenen gezählt, es teilte ihre Arbeit und ihre Spiele. Vom sehr kleinen Kind wurde es sofort zum jungen Menschen, ohne die Etappen der Jugend zu durchlaufen, die möglicherweise vor dem Mittelalter Geltung hatten und zu wesentlichen Aspekten der hochentwickelten Gesellschaften von heute geworden sind.«[3]

Es ist geradezu erschreckend, wie sehr wir manchmal heute wieder zu einer Sichtweise gelangt zu sein scheinen, in der »die Dauer der Kindheit auf das zarteste Kindesalter beschränkt« ist. Übertrieben gesprochen, hat man heute manchmal den Eindruck, unsere Kinder sollten als laufende, sprechende, denkende, sprich: fertige Individuen auf die Welt kommen. Sie sind kaum den Babyschuhen und dem Strampler entwachsen, da beginnt für sie der Stress. Entscheidungen treffen von morgens bis abends, Probleme bedenken, Zeitmanagement betreiben. All diese Dinge, die sich eindeutig der Erwachsenensphäre zuordnen lassen und nicht einmal dort ausschließlich positiv besetzt sind, muten wir heute Kindern zu. Der partnerschaftliche Umgang mit Kindergartenkindern ist für diese ausnahmslos eine Über-

---

3. Ariès, Philippe: Geschichte der Kindheit. 16. Auflage. München: dtv 2007. S. 46.

forderung. Im Grundschulalter liegt das Problem vor allem darin, dass partnerschaftliche Konzepte bei altersgemäß entwickelten Kindern durchaus in einem gewissen Rahmen erfolgreich sein können, bei Kindern mit Entwicklungsstörungen sich jedoch fatal auswirken.

Wir haben uns längst daran gewöhnt, am Frühstücks- oder Abendbrottisch im Beisein von sieben- oder achtjährigen Kindern die finanzielle Situation der Familie zu diskutieren. Weist jemand auf diesen Umstand hin, wird oft genug erstaunt geantwortet, die Kinder hätten doch wohl ein Recht darauf, über familieninterne Dinge Bescheid zu wissen, sie seien schließlich vollwertige Familienmitglieder.

Genau das sind sie auch. Und als solche vollwertigen Familienmitglieder haben sie Anspruch darauf, in ihrer Individualität wahrgenommen und respektiert zu werden. Das ist bei Achtjährigen allerdings nicht der Fall, wenn von ihnen erwartet wird, etwa Verständnis für die Probleme bei der Rückzahlung eines Kredites aufzubringen oder gar Verbesserungsvorschläge zu machen.

Kinder sollen heute vielfach wichtige Entscheidungen in der Familie unabhängig vom Alter mittreffen. Bei der Urlaubsplanung geht es nicht mehr darum, dass die Kinder überlegen, welche Spielsachen sie mitnehmen wollen, sondern sie sitzen von Beginn an mit am Verhandlungstisch und beeinflussen die Entscheidungen über Ort, Termin und Art der Logis. Ein guter Gradmesser für solche Veränderungen in der Gesellschaft sind Werbespots im TV. Deren einzige Funktion ist es, Produkte zu verkaufen. Und das geht am besten, wenn man sympathisch die Lebenswirklichkeit von Menschen nachbildet. Setzten Spots der Automobil-Hersteller früher eher auf die elegante oder sportliche Wirkung des Fahrzeugs selbst, so werden heute zunehmend Kinder in die Spots eingebaut, die den Erwachsenen erzählen, warum sie ein bestimmtes Auto brauchen. Das wirkt, weil es daheim genauso läuft, und es verstärkt dieses Verhalten zusätzlich.

Überlegungen zur Angemessenheit dieses Vorgehens werden häufig genug gar nicht mehr angestellt. Überforderung ist kein Thema, weil gar nicht mehr gesehen wird, dass die als kleine Erwachsene gesehenen Kinder überfordert werden könnten. Man traut ihnen alles zu und ist noch stolz darauf. Eltern, die ihre Kinder solchermaßen einbeziehen, halten sich viel auf ihr partnerschaftliches Erziehungsmodell zugute und versuchen damit, dem gerecht zu werden, was in der Diskussion oft diffus als moderner Erziehungsstil bezeichnet wird.

In Schule und Kindergarten lautet das Zauberwort heute »Angebot«. Den Schülern werden Angebote gemacht, und zwar ab der ersten Klasse bzw. schon davor im Kindergarten. Das muss nicht schlecht sein, solange sich die Wahlmöglichkeiten bei Kindergarten- und Grundschulkindern im Bereich von Unterentscheidungen befinden. Wenn Angebot jedoch bedeutet, und in steigendem Maße scheint das heute so zu sein, dass etwa der komplette Vormittag im Kindergarten vom Kind selbst strukturiert werden soll oder der

Ein Wort vorweg

Grundschüler selbstständig entscheidet, wann er beispielsweise seine Wochenhausaufgaben macht, wird es schwierig. Selbst viele Erwachsene haben Probleme damit, sich über einen längeren Zeitraum selbstständig sinnvoll zu organisieren, und sind dankbar dafür, wenn es eine gewisse Struktur gibt, in deren Rahmen sie sich bewegen können. Wie soll dann diese komplette Selbstständigkeit bei Kindern funktionieren, deren psychische Entwicklung noch in vollem Gange ist, denen Erfahrungswerte fehlen und die sich an den Erwachsenen nicht mehr orientieren können?

Wir müssen bei unserem Blick auf Kinder zu diesen scheinbar einfachen Fragen zurückkommen. Wir müssen uns wieder selbst fragen, ob wir Kinder noch Kinder sein lassen oder ob wir ihnen nicht häufig etwas aufbürden, was für sie zu schwer ist, sie in ihrer Entwicklung behindert und bedroht.

Bereits im Jahr 2006 berichtete die Weltgesundheitsorganisation WHO in einer Studie davon, dass annähernd 20 Prozent der Kinder zwischen elf und 16 Jahren an Phänomenen wie Übelkeit, Kopfschmerzen oder Schlafstörungen litten. Mittagsmüdigkeit wurde bei etwa 30 Prozent der befragten Schüler festgestellt.

Auch in dieser Altersgruppe ist es so, dass sich Stress immer körperlich und seelisch zeigen kann: Kinder zeigen dann einerseits körperliche Erscheinungen wie Magenschmerzen, Schweißausbrüche oder Kopfschmerzen und eben Ein- und Durchschlafstörungen; die andere Seite ist die psychische Symptomatik – Erschöpfung, Angstzustände oder große Gereiztheit können hier auftreten. Je länger diese Erscheinungen zu beobachten sind, desto eher besteht die Gefahr, dass psychosomatische oder funktionelle Krankheiten daraus entstehen. Der Drang zum Stören in Gruppen, soziale Auffälligkeit in Form von Aggressivität und destruktiven Reaktionen können ebenso die Folge sein wie ein totaler Rückzug. Antriebslosigkeit und Selbstisolation sind hier die Ausdrucksform. Die natürliche Einbettung dieser Kinder in ihr soziales Umfeld ist oft ernsthaft gefährdet.

Kinder sind ein Ruhepol

»Dass wir wieder werden wie die Kinder, ist eine unerfüllbare Forderung. Aber wir können zu verhüten suchen, dass die Kinder werden wie wir.«[4]
(Erich Kästner)

Wenn Sie Kinder haben, gerade kleinere, werden Sie die Situation kennen: Plötzlich ist das Kind, das sich vielleicht gerade noch wegen irgendeiner Kleinigkeit beschwert hat, in seinem Zimmer verschwunden, und man hört für längere

---

4. Auszug aus der Rede »Resignation ist kein Gesichtspunkt« (München, 1953). In: Erich Kästner: VERMISCHTE BEITRÄGE. Köln, 1959 (Gesammelte Schriften, Band 5) S. 499–501, zitiert S. 499f.

Zeit gar nichts mehr. Wenn man zwischendurch mal nachschaut, findet man ein völlig in eine bestimmte Tätigkeit versunkenes Wesen vor, dem die Welt in diesem Moment so egal ist, dass auch ihr Untergang nicht bemerkt werden würde. Egal, ob das Kind sich ein Buch anschaut, eine CD hört, puzzelt oder malt: Es konzentriert sich nur auf diese Tätigkeit, blendet alle äußeren Einflüsse aus und genügt sich mit dem, was es tut, selbst.

Wie in dem eingangs erwähnten Zitat von Erich Kästner gesagt: Wir werden diesen Zustand für uns nicht wieder in dieser perfekten Weise herstellen können. Das Kind, das von der Hektik der Welt noch nichts weiß, weicht irgendwann dem Erwachsenen, der sich dieser Hektik nicht komplett entziehen kann. Der zweite Teil des Kästnerschen Satzes jedoch taugt zumindest als erstrebenswerte Utopie, die den Blick dafür schärft, was wir Kindern antun, wenn wir früh ihre Ruhe gefährden.

Kinder haben ein natürliches inneres Gleichgewicht, das durch äußere Einflüsse gefährdet wird, vor allem durch übermäßigen Druck. Was man dabei nicht unterschätzen darf, gerade im Unterschied zu Erwachsenen, ist die Tatsache, dass Kinder sehr viel über die Haut wahrnehmen. Sie spüren im wahrsten Sinne des Wortes Stimmungen und Schwingungen, und diese übertragen sich relativ ungefiltert auf die kindliche Psyche. Ein positives Beispiel kann etwa ein sehr kleines Kind mit einem Schreianfall sein, das von einem Erwachsenen auf den Arm genommen wird und sich bald beruhigt. Das tut es ja nicht, weil ihm der Erwachsene erklärt, es solle aufhören zu schreien, da es keinen Grund gäbe. Sondern es kommt seinerseits zur Ruhe, weil es die Ruhe des Erwachsenen spürt. Umgekehrt sorgt es bei unbeschwert spielenden, ausgeglichenen Kindern sofort für Stress und Unruhe, wenn beispielsweise ein Elternteil von der Arbeit kommt und den Bürostress mit nach Hause bringt. Auch hier bedarf es keiner Äußerungen und Handlungen, sondern die Gemütslage überträgt sich einfach auf die Kinder; je kleiner sie sind, desto ungefilterter wird diese Störung der kindlichen Ruhe aufgenommen.

Wenn man sich die Terminpläne von Kindern im Kindergarten- und Grundschulalter heute anschaut, unterscheiden die sich kaum noch von unseren eigenen. Das Kind selbst ahnt zunächst einmal kaum etwas von der Unruhe, die ein voller Planer bedeutet. Es spürt aber die Unruhe, die durch die Terminhetze bei den Eltern entsteht. Diese jedoch können häufig gar nicht anders handeln, da sie im Rahmen einer symbiotischen Beziehungsstörung ganz selbstverständlich für ihr Kind handeln und denken und damit eben auch dessen Terminplan genauso vollpacken wie den eigenen.

Eltern, die in der Intuition sind, gelingt es dagegen auch heute noch, sich zu ihrem spielenden Kind zu setzen und auf sein Spiel einzugehen, anstatt es zu irgendetwas anzutreiben, was man sich eigentlich gerade in den Kopf gesetzt hatte. Naturgemäß interessiert kleine Kinder das erwachsene Verlangen nach stringentem Zeitmanagement ja nicht; sie ver-

Ein Wort vorweg

senken sich trotzdem in ein Spiel, in das Betrachten eines Buches oder das Hören eines Hörspiels.

Sie können sich gelegentlich selbst testen: Versuchen Sie, ein Vorhaben, das Sie sich fest vorgenommen hatten, für einen Moment auszublenden und sich stattdessen zum Kind zu gesellen. Beobachten Sie, was passiert, wie Sie sich fühlen. Kostet es Sie viel Überwindung, Ihre Planung umzustellen? Haben Sie das Gefühl, auf Hochtouren zu rotieren, und wollen eigentlich auch nicht runterfahren?

Setzen Sie sich trotzdem zum Kind. Überlegen Sie ehrlich, ob Sie den Eindruck haben, wirklich zur Ruhe zu kommen, oder ob es sich eher so anfühlt, dass Sie sich dazu zwingen müssen. Die Idee hinter diesem Test ist schlicht die, unbewusste Vorgänge ansatzweise bewusst zu machen. Mit der Analyse in den folgenden Kapiteln wird klarer werden, warum es in zunehmendem Maße nicht mehr funktioniert, solche Situationen mit Kindern wirklich in Ruhe und Gelassenheit zu erleben und zu genießen.

Achtung:
Katastrophen überall!

Auf meinem PC gibt es ein kleines Symbol. Wenn ich den Mauszeiger darauf ziehe, erscheint eine sogenannte Dialogbox (eigentlich eher eine *Monolog*box, da sie sich für meine Antwort nicht wirklich interessiert), die mich erinnert, wenn der Virenschutz des Rechners nicht aktuell ist. In dieser Box steht: »Sie müssen Ihren PC vor Katastrophen und Bedrohungen schützen.«

Nun ist es sicher mit viel Ärger und Stress verbunden, wenn sich ein Virus auf meinen Computer schleicht und wichtige Dateien beschädigt sind. Aber ist es auch gleich eine Katastrophe?

Wir sind mit dem Wort »Katastrophe« und seinen Anverwandten wie »Krise«, »Bedrohung«, »Schreckensszenario« heute schnell bei der Hand. Plakativ wird uns von den Titelseiten vieler Zeitungen und ihrer Online-Ableger oder in den TV- und Radio-Nachrichten mitgeteilt, aus welcher Richtung dieses Mal der Weltuntergang droht. Schweine- und Vogelgrippe haben gefühlt fast für das Ende der Menschheit gesorgt, und man fragt sich, wann andere Tiergruppen an der Reihe sind. Können Hunde, Kühe und Mäuse nicht auch Grippe bekommen? Zu solch temporären Bedrohungen kommen Dauerbrenner wie die Klimakatastrophe, die unser aller täglich Damoklesschwert zu sein scheinen.

Als sich kurz vor der Fußball-Weltmeisterschaft 2010 der damalige Kapitän der deutschen Nationalmannschaft, Michael Ballack, so schwer verletzte, dass er auf das Turnier verzichten musste, war das beiden öffentlich-rechtlichen Fernsehsendern eine spontane Sondersendung wert, und selbst wer sich überhaupt nicht für Fußball interessierte, hatte kaum eine Chance, nicht mit Schreckensmeldungen über den bevorstehenden Untergang der deutschen Kicker belästigt zu werden.

Nicht zu Unrecht schrieb eine genervte ARD-Seherin bei Twitter: »Früher gab es Brennpunkte nur bei wirklichen Katastrophen, jetzt immer häufiger.« Immer häufiger, und eben auch bei relativ unwichtigen Dingen wie der Verletzung eines Fußballers; das klingt nebensächlich, trifft aber den Kern der Sache.

Bezeichnend in diesem Zusammenhang war auch, wie die »Personalie Ballack« angesichts des guten Turnierverlaufs für die deutsche Mannschaft dann wenige Wochen später plötzlich niemanden mehr zu interessieren schien. Hauptsache, die Bänderriss-Katastrophen-Sau war durchs mediale Dorf getrieben worden.

Der Soziologe Ulrich Beck wies bereits Mitte der 80er-

Jahre darauf hin, dass wir langsam, aber sicher in eine »Katastrophengesellschaft« kommen, in der der »Ausnahme- zum Normalzustand«[5] zu werden drohe. Diese Feststellung ist für unser Zusammenleben bedrohlich. Wenn wir nur noch vor dem Hintergrund einer Scheinkatastrophe agieren, heißt das, dann führen wir damit die echte Katastrophe herbei.

Verantwortlich für eine solche »Katastrophenstimmung« sind allerdings nicht primär, wie viele glauben, fehlender Lebenssinn, Zeitmangel oder zu viel Druck. All diese Dinge spielen zwar eine entscheidende Rolle, wenn wir uns in unserem Leben nicht wohlfühlen. Doch der eigentliche Schauplatz dieses existenziellen Kampfes, den wir unbewusst ausfechten, ist unsere Psyche. Sie bekommt einen permanenten Katastrophenalarm vorgegaukelt, der uns an den Rand unserer Existenz zu bringen scheint.

Das ist das eigentliche Paradoxon, mit dem ich mich beschäftige: Obwohl in unserem westlichen Wohlstandsleben keine erkennbare reale Bedrohung besteht, weder ein Krieg noch Hungersnöte oder große Naturkatastrophen unmittelbar drohen, fühlen viele Menschen eine ständig zunehmende Gefahr, sowohl für ihre eigene Existenz als auch für das Überleben der gesamten Gesellschaft.

Sind wir denn nun alle dem Untergang geweiht? Oder dürfen wir das Leben noch ein wenig in Ruhe genießen?

---

5. Beck, Ulrich: Risikogesellschaft. Frankfurt/M.: Suhrkamp 1986. S. 105.

Letzteres wird zunehmend unwahrscheinlicher, glaubt man der medialen Dauerbeschallung. Tatsächlich jedoch dürfte der Weltuntergang wohl noch eine Weile auf sich warten lassen – und wie die heutigen Krisen und Katastrophen zu bewerten sind, mag vor dem Hintergrund der Krisen, die die Bevölkerung in Europa im 20. Jahrhundert durchmachen musste, für manchen eine zynische Frage, zumindest aber eine der Perspektive sein.

Warum ist mir dieses Thema dann so wichtig? Ich habe die zunehmenden Entwicklungsstörungen von Kindern und Jugendlichen im emotionalen und sozialen Bereich analysiert und dabei aufgezeigt, welche Hintergründe dafür verantwortlich sind. Mit dem dreistufigen Modell der Beziehungsstörungen »Partnerschaftlichkeit«, »Projektion« und »Symbiose« lässt sich erklären, warum bei den betroffenen Kindern bekannte pädagogische Erklärungsansätze nicht greifen und wie das Problem an der Wurzel angegriffen werden kann. Geht man davon aus, dass die psychische Entwicklung bei Kindern auf Grund von gestörten Beziehungen zwischen ihnen und den Erwachsenen nicht richtig vorankommt, schließt das automatisch die Frage nach der Entstehung dieser Beziehungsstörungen mit ein. An dieser Stelle rückt das »System Gesellschaft« in den Mittelpunkt der Betrachtungen. Der ungeheure Druck, der auf jedem einzelnen Elternteil bzw. auch auf Erwachsenen lastet, die beruflich mit Kindern umgehen, treibt viele ins Hamsterrad, nimmt die innere Ruhe und zerstört das Gefühl für unsere Mitte.

Nur eine Sichtweise, die das große Ganze in Betracht zieht, kann zu einem Umdenken führen, durch das letztlich dann auch die Beziehungen zwischen Kindern und Erwachsenen sich wieder so gestalten, dass eine natürliche psychische Entwicklung junger Menschen die Regel ist. Gerade im emotionalen und sozialen Bereich muss sich unsere Psyche im Kindesalter ausreichend bilden, damit wir als Erwachsener in der Lage sind, adäquate psychische Leistungen als Mitglieder der Gesellschaft erbringen zu können. Wir können z. B. Fremdbestimmung bis zu einem gewissen Grad aushalten, ohne dass es uns wirklich unangenehm wird, wir können arbeiten, ohne bei der geringsten Anstrengung die Lust zu verlieren, wir können Beziehungen eingehen, ohne beim ersten Problem davonzulaufen. Für all diese täglichen Anforderungen sind wir psychisch gewappnet.

Wenn die Psyche des Erwachsenen dagegen in bestimmten Teilbereichen den Reifegrad eines Kleinkindes aufweist, wie es bei jungen Erwachsenen in steigendem Maß der Fall ist, steht auch im Erwachsenenleben die Lustorientierung im Vordergrund. Ein Symptom dafür ist beispielsweise die seit Jahren sinkende Ausbildungsfähigkeit junger Menschen. Hier drängt eine Generation auf den Arbeitsmarkt, die keineswegs dümmer oder prinzipiell fauler ist als früher, die aber die Belastungen des Arbeitslebens nicht mehr erträgt, weil sie nicht über eine entsprechend ausreichend entwickelte Psyche verfügt.

Diese Entwicklungen in ihrem Zusammenhang zu sehen

Achtung: Katastrophen überall!

bedeutet, die gesellschaftliche Situation der Erwachsenen zu erkennen, unter denen viele Eltern und öffentliche Erzieher heute leben. Es erfordert, ihr Verhalten vor diesem Hintergrund der Auswirkungen von lauter Scheinkatastrophen zu beurteilen und diese Erkenntnisse mit den offensichtlichen Entwicklungsstörungen einer immer größeren Anzahl von Kindern in Zusammenhang zu bringen, deren Psyche sich am Erwachsenen nicht mehr ausreichend entwickeln kann. Wenn der Erwachsene in der Lage ist, seine Beziehungsebene zum Kind zu reflektieren und hier Änderungen herbeizuführen, ändern sich die Kinder mit, weil ihre Entwicklung sich über die Beziehungsebene durch den Erwachsenen als Gegenüber vollzieht.

Nach wie vor sehen manche Leser in meinen Büchern Erziehungsratgeber bzw. ordnen sie in die Ecke der pädagogischen Literatur ein. Das ist und bleibt ein Missverständnis. Erziehungsfragen sind sicher wichtig und können im Detail durchaus kontrovers diskutiert werden. Wir können jedoch immer erst dann überhaupt beginnen, über *Er*-Ziehung zu diskutieren, wenn die *Be*-Ziehungsebene zwischen Erwachsenem und Kind stimmt. Kinder haben in ihren verschiedenen Entwicklungsstadien unterschiedliche Weltbilder. Diese Weltbilder stehen dafür, wie das Kind die Welt um sich herum wahrnimmt. Wenn der Erwachsene dem Kind ein angemessenes Gegenüber ist, hat das Kind die Möglichkeit, sich so zu entwickeln, dass es beispielsweise im Grundschulalter in der Lage ist, den Lehrer als Lehrer zu erkennen und sich an ihm zu orientieren. Es würde dann auch Dinge *für* den Lehrer tun, die nichts mit Lust zu tun haben. Das alles hat mit *Be*-Ziehung und nicht mit *Er*-Ziehung zu tun, man bringt es dem Kind nicht aktiv bei, sondern dieses Verhalten wird durch die Psyche gesteuert, wenn sie sich am erwachsenen Gegenüber entwickeln kann. Fehlt dem Kind dieses Gegenüber, kann seine Psyche sich nicht ausreichend entwickeln, und das Kind verbleibt in Weltbildern einer früheren Altersstufe. Es fühlt sich entweder omnipotent oder sogar autonom, steuert seine Umwelt und lässt sich selbst kaum beeinflussen, zeigt also ein Verhalten, das im frühen Kindesalter so angelegt ist.

In den Grundschulen haben viele dieser Kinder Schwierigkeiten, die eben genannten Dinge zu leisten. Ein Teil zappelt, stört den Unterricht und ist nur unter Schwierigkeiten in der Lage, sich über längere Zeit auf eine Aufgabe zu konzentrieren. Ein anderer wirkt wie abwesend, als wenn er sich in einer ganz eigenen Welt bewegt und nur vor sich hin träumt.

Es ist ein tragischer Irrtum, wenn geglaubt wird, es reiche, auf diese Kinder erzieherisch einzuwirken, um ihnen die fehlenden Dinge »beizubringen«. Bevor das Erfolg haben könnte, müsste die sogenannte Phase der Selbstbildung abgeschlossen sein. Erst mit nahezu drei Jahren ist ein Kind in der Lage, sich selbst und, abgegrenzt davon, das Gegenüber zu erkennen: »Ich bin ein Mensch, und du bist ein Mensch.« Erst damit wäre eine Aufnahmefähigkeit für verhaltenspädagogische Ansätze vorhanden.

Der gesellschaftliche Wandel, der sich auch auf die Beziehung zwischen Erwachsenen und Kindern auswirkt, ist nicht per se ein rotes Tuch. Soziale Strukturen befinden sich stetig im Fluss, natürlich haben viele Änderungen auch zu positiven Auswirkungen im Zusammenleben von Menschen geführt. Es geht mir überhaupt nicht darum, Fortschritt zu geißeln, technische Entwicklungen zu verdammen oder Ähnliches. Ich möchte einzig und allein das Prinzip von Ursache und Wirkung deutlich machen, zeigen, welche Auswirkungen es hat, wenn persönliche Überforderungsgefühle und ständiger äußerer Katastrophenalarm aufeinandertreffen. Wenn dieser Zusammenhang verstanden wird, kann es auch jedem Einzelnen gelingen, das eigene Hamsterrad zu stoppen und Gegenstrategien zu finden, um nicht wieder neu hineinzugeraten.

Bisweilen gibt es auf einem bestimmten gesellschaftlichen Gebiet so gravierende Veränderungen, dass letztlich das Gesamtsystem davon betroffen ist und die Auswirkungen für jeden einzelnen Menschen spürbar sind. Als Beispiel könnte man den Bereich Wirtschaft anführen, in dem es für die Beschäftigten heute kaum noch Sicherheit zu geben scheint, ob sie morgen noch den Job haben, den sie heute ausüben, bzw. ob sie überhaupt noch einen Arbeitsplatz haben. Im Gespräch mit BMW-Personalchef Harald Krüger, dem jüngsten Vorstand aller Zeiten beim bayerischen Autobauer, kommt das gut zum Ausdruck.

Harald Krüger ist sehr wohl bewusst, dass die Veränderungen in der Arbeitswelt keine kleinen sind. Er spricht beispielsweise über die Internationalisierung, die bei den Mitarbeitern neben Karrierechancen auch für eine gewisse Angstproblematik sorge. War früher ein Job bei BMW fast ein wenig wie eine Verbeamtung, so hat sich heute im Hinblick auf das Sicherheitsgefühl des einzelnen Mitarbeiters sehr viel geändert. Es gebe durchaus die Beobachtung, dass immer wieder Mitarbeiter verunsichert seien, da sie heute immer größeren Wechselwirkungen ausgesetzt sind. Die Dynamik der Veränderung habe stark zugenommen, Krüger formuliert das in klaren Worten: »Nichts ist und bleibt, wie es noch gestern war.«

Angesprochen auf angstmachende Prozesse in der Wirtschaft und die Frage, wie dem entgegengewirkt werden könne, verweist Krüger auf den Versuch, innerhalb der Firma familiäre Strukturen zu etablieren. Werte stehen im Vordergrund, auf die man sich verlassen könne, solch ein stabiles Wertegerüst sei dann auch als Gegenpol zu einer immer instabileren Gesellschaft zu verstehen. Gleichzeitig ist ihm allerdings bewusst, dass Unternehmen heute nicht mehr wie früher als eigene kleine Biotope zu führen sind, die innerhalb ihrer Grenzen Sicherheit bieten.[6]

Die Wirtschaft ist ein Bereich, in dem wir durch das Wegbrechen von Sicherheiten eine starke Verunsicherung der Menschen beobachten können. Ein anderes Problem neben

---

6. Gespräch mit Harald Krüger im September 2010 in München.

der Sicherheit ist das blinde »mehr-mehr-mehr« im Bereich der Waren und Dienstleistungen. Die Überproduktion ohne Sinn und Verstand hat ebenfalls ihre Auswirkungen auf das menschliche Verhalten.

In einem noch viel stärkeren Maße verändert hat sich allerdings der Bereich der menschlichen Kommunikation, die Quantität und Qualität von Informationen, die medialen Wege, auf denen Information vermittelt wird, mit zum Teil katastrophalen Auswirkungen auf die Empfänger, also letztlich auf uns alle.

Das Ziel meiner Analyse ist dabei weder eine generalisierende Medienschelte noch die Forderung eines Rollbacks in Zeiten von drei TV-Programmen und zwei Tageszeitungen. Ausgehend vom Status quo der heutigen Medienwelt und der Wirtschaft soll vielmehr gezeigt werden, wie sich die menschliche Psyche unter dem Eindruck des Informations- und Konsum-Overkills verhält und wie Erkenntnisse gewonnen werden können, um zurück zu einer Form von Intuition und innerer Ruhe zu finden. Wir alle brauchen diese innere Ruhe, weil sie für ein angemessenes Verhalten in menschlichen Beziehungen, gerade auch zu Kindern und Jugendlichen, unerlässlich ist. Wer ruhig ist, sich ganz »bei sich selbst« fühlt, kann intuitiv richtig handeln, weil er sich von äußerem Druck viel seltener zu Fehlhandlungen verleiten lässt. Mit Intuition ist dabei der Ausgangspunkt ruhigen und sinnvollen Handelns gemeint.

Nun ist es nicht so, dass es keine mahnenden Stimmen

gäbe. Der Buchmarkt ist voll von Ratgebern und Analysen, die den Überfluss geißeln, zur Bescheidenheit mahnen und uns darauf hinweisen, dass bisweilen weniger mehr sein kann. Sogar ein eigenes Lexikon gibt es für diese Erkenntnis.[7] Auch in den allwöchentlichen Talkrunden im TV findet sich eigentlich immer einer, der den Zeigefinger hebt und das warnende »Mäßiget euch!« verkündet.

Gleichwohl: Passiert ist bisher wenig. Wenn das Buch ausgelesen, der Fernseher ausgeschaltet ist, verfallen wir schnell wieder in den alten Katastrophentrott, selbst wenn wir die gerade vorgebrachten Argumente der Warner eigentlich ganz einsichtig und attraktiv fanden. Es kann also nicht nur um unsere Erkenntnisfähigkeit gehen, das Problem scheint auf einer rein verstandesmäßigen Ebene nicht endgültig lösbar zu sein. Deswegen begreife ich selbst mich auch nicht als Mahner, sondern versuche, über meine Analyse Ansatzpunkte zu Auswegen aus der Krise zu liefern.

An manchen Stellen gebe ich vielleicht sogar ganz ähnliche Hinweise wie andere Autoren, die ich soeben erwähnt habe. Es gibt überall Möglichkeiten der Entschleunigung, die es wert sind zu bedenken, ob man sie anwendet. Mir geht es jedoch zuallererst um die *Basis*, die es uns überhaupt erst ermöglicht zu entschleunigen. Hier setzen meine Analysen an: Ich gehe schlicht davon aus, dass unsere Psyche durch

---

7. Schönburg, Alexander von: Lexikon der überflüssigen Dinge. Wie man ohne Luxus glücklich wird. Reinbek: Rowohlt 2006.

äußere Einflüsse heute nicht mehr in ausreichendem Maß ihrer Steuerungsfunktion für den menschlichen Alltag gerecht werden kann. Wir sind alle in Gefahr, nicht mehr Herr dieser Einflüsse zu sein, weil wir uns einem dauerhaften Katastrophenalarm ausgesetzt sehen.

Die Rückkehr zur inneren Ruhe über Ratschläge in Büchern und TV-Sendungen kann nicht funktionieren, und zwar aus einem bestimmten Grund. Die Frage der inneren Ruhe und wie man sie erlangt, war und ist immer ein Thema für Menschen, die gewohnt sind, zu reflektieren, sich selbst zu beobachten und Rückschlüsse daraus zu ziehen. Meine Analyse aber zeigt, dass dieser Prozess bei vielen von uns heute unterbrochen ist und der anhaltenden Rastlosigkeit geopfert wird. Unsere Psyche ist nicht mehr in der Lage, in Ruhe zu reflektieren.

Wege zur inneren Ruhe zu finden setzt also voraus, psychisch dafür überhaupt gerüstet zu sein, und das ist heute vielfach nicht mehr der Fall. Der Katastrophenalarm, dem unsere Psyche dauerhaft ausgesetzt ist, lässt eine echte Sinnsuche in unserem Leben nur noch sehr eingeschränkt zu. An diesem Punkt setze ich mit meiner Beschreibung an.

Die Depression nimmt zu – Alltag eines Allgemeinmediziners

Einen guten Eindruck, wie die psychische Lage in der Republik ist, bekommt man, wenn man sich mit Allgemeinmedizinern unterhält. In vielen Praxen hat sich der Anteil der Patienten, bei denen jede körperliche Untersuchung keine zufriedenstellende Diagnose für die beschriebenen Symptome zulässt, stark erhöht. Vermutungen in Richtung Depressionen, Burn-out, Erschöpfung werden mittlerweile sehr viel schneller angestellt, da sich in immer mehr Fällen herausgestellt hat, dass Probleme im psychischen Bereich vorliegen.

Ich kenne einen Allgemeinmediziner, der mir seit Langem diese Phänomene in seinem Praxisalltag beschreibt. Zu ihm kommen Patienten, die körperlich in einem so schlechten Zustand sind, dass man zunächst von schlimmsten Erkrankungen ausgeht und eine niederschmetternde körperliche Diagnose befürchtet. Immer häufiger stellt sich bei der Untersuchung dann heraus, dass sich nichts Schwerwiegendes finden lässt. Das Blutbild ist o.k., das EKG zeigt keine Auffälligkeiten, auch bildgebende Verfahren bringen kein dramatisches Ergebnis. Er erzählt:

»Ich verbringe mittlerweile viel Zeit mit Patientengesprächen, in denen ich nach der privaten und beruflichen Situation der Leute frage. Sehr oft kommen dabei zögerlich nach und nach

die Probleme der Menschen auf den Tisch. Berufliche Belastungen bis an die Schmerzgrenze, damit einhergehend wenig Zeit für Familie, Freunde, Hobbys. Negative Erfahrungen im Job werden häufig genannt als Auslöser für Schlafstörungen, Konzentrationsschwierigkeiten treten bei eigentlich einfachen Tätigkeiten auf bis hin zur Angst davor, bestimmte Dinge überhaupt noch zu tun.

Auffällig ist, dass der Blick auf die Psyche, der Gedanke daran, dass sie aus dem emotionalen Gleichgewicht sein könnte, bei fast allen Patienten erst an zweiter Stelle steht. Fast jeder geht fest davon aus, dass ich handfeste körperliche Ursachen für die Beschwerden finden werde, und ist genauso überzeugt davon, dass ein paar Medikamente reichen werden, um das Problem zu beheben.

Doch so lange es manchmal auch dauert, bis ein Patient sich auf den Gedanken einlässt, seine seelische Konstitution in die Diagnose mit einzubeziehen, so erleichtert sind doch die meisten Menschen, wenn man ihnen die Gelegenheit gibt, diese Möglichkeit in Betracht zu ziehen. Viele ahnen so etwas, wollen es aber nicht wahrhaben, weil unsere Gesellschaft mit Erkrankungen oder Störungen im psychischen Bereich immer noch sehr ablehnend umgeht. Chefs und Mitarbeiter vermuten Faulheit, wenn ein Angestellter sagt, seine nachlassende Leistung habe psychische Ursachen; Familie und Freunde wissen nicht, wie sie mit einer solchen Feststellung umgehen sollen.

Dabei müssen wir uns dringend stärker damit beschäftigen, wo die Ursachen für diesen immensen Anstieg an Diagnosen wie Depression, Burn-out etc. liegen. Das sind eben nicht immer nur individuelle Ursachen, dagegen spricht die Häufung, die wir in den letzten Jahren feststellen.

Klar ist auch, dass eine Behandlung mit Medikamenten immer nur begleitend geschehen kann. Sie kann nie Gespräche und Eigenreflexion des Patienten ersetzen, sondern muss der Behandlung der schlimmsten Symptome vorbehalten bleiben.«

Solche Beschreibungen höre ich von Kollegen mittlerweile häufiger. Und die mediale Beschäftigung mit Phänomenen wie Depressionen, Burn-out, Erschöpfung usw. steigt auch stetig an, wie regelmäßige Artikel in allen Zeitungen und Zeitschriften oder auch ganze Sonderhefte wie etwa vom »SPIEGEL« oder »Psychologie Heute«[8] zeigen. Es muss also so sein, dass die Gesellschaft die Häufung von Überforderungsgefühlen entdeckt hat. Betrachtet wird dabei jedoch fast immer, wie der *einzelne* Mensch reagiert und aus welchen Gründen er möglicherweise so reagiert, denn im Vordergrund steht die Hoffnung, dem Einzelnen zu helfen.

Die Annahme einer kollektiv wirkenden Ursache, wie ich sie hier vorstelle, stellt eine Ausnahme dar. Ich bin jedoch der Überzeugung, dass wir wesentlich systemischer denken müssen, um zu Lösungswegen zu finden. Die Erkenntnis,

---

8. So beispielsweise SPIEGEL Wissen 1/2011 unter dem Titel »Das überforderte Ich« oder auch Psychologie Heute compact 27/2011 unter dem Titel »Erschöpft und ausgebrannt«.

dass es sich um ein übergeordnetes Problem handelt, für das der Einzelne zunächst einmal gar nichts kann, würde auch entlastend wirken. Die Ursache für das Hamsterrad ist für viele Menschen gleich, die Lösungsansätze und Auswege werden letztlich aber immer individuell sein.

Was bei tatsächlichen Katastrophen mit unserer Psyche geschieht

Es ist in diesem Buch viel von Katastrophen die Rede, die keine »echten« Katastrophen in dem Sinne sind, dass sie alle Menschen gleichermaßen unmittelbar betreffen. Das »Problem«, zumindest in der westeuropäischen Hemisphäre, ist, dass wir schon lange keine solchen echten Katastrophen mehr hatten. Gemeint sind damit natürlich immer katastrophale Ereignisse, die sich für alle Menschen existenziell auswirken. Dass der Einzelne bisweilen mit persönlichen Katastrophen konfrontiert ist, steht außer Frage, ist aber hier ohne Bedeutung.

Krieg und Hunger gehören für Westeuropa einer nur noch für die Ältesten realen Erinnerung an, Naturkatastrophen wie Hochwasser oder Erdbeben gibt es, sie sind aber in ihrer Intensität und ihren Auswirkungen zumindest nicht mit ähnlichen Ereignissen in anderen Erdteilen vergleichbar. Die furchtbaren Ereignisse in Japan im Frühjahr 2011 haben uns durch die Atomthematik zwar einen gefühlten Bezug zu unserem eigenen Umfeld verschafft; die eigentliche Katastrophe mit Erdbeben und Tsunami war aber vor allem ein Vehikel, um eine bereits lang anhaltende Diskussion um Kernenergie wieder mit neuer Stoßkraft zu führen; eine Diskussion, die bis dato hierzulande zuletzt von offizieller Seite eher auf kleiner Flamme gekocht wurde. Wie aber würden wir, wie würde unsere Psyche reagieren im Anblick einer solchen echten Katastrophe, die uns ganz unmittelbar betrifft?

Nehmen wir das Beispiel eines Erdbebens größeren Ausmaßes, da dies für unsere Breitengrade von allen Optionen noch die wahrscheinlichste ist. In dem Moment, in dem der Ernstfall eingetreten ist, die Erde gewackelt hat, Häuser einstürzen und Erdkrater sich auftun, würde unsere Psyche automatisch auf Katastrophenmodus umschalten. Uns wäre ohne jede rationale Überlegung völlig klar, dass wir jetzt nur noch funktionieren müssen, um zu retten, was noch zu retten ist. Automatisch würden wir versuchen, zunächst das Leben anderer Menschen, bevorzugt unserer eigenen Lieben, in Sicherheit zu bringen, danach das Hab und Gut zu retten, das uns wichtig ist. In Deutschland haben vor allem Menschen in den kritischen Hochwasserregionen in den letzten Jahren einen Eindruck von diesem Szenario bekommen.

Der Angstforscher Borwin Bandelow hat die menschliche Reaktion in einem Interview mit Spiegel Online so beschrieben:

»Im Notfall schaltet der Mensch auf Survival-Modus. Das Gehirn wird auf eine niedrigere Stufe zurückgeschaltet, bestimmte Strukturen sind jetzt aktiver als andere. Diese Funktion schützt vor psychischen Schäden, denn wenn die primären Bedürfnisse befriedigt werden, fühlt man sich zumindest vorübergehend gut. Wir sind dafür gebaut, Überlebenskünstler zu sein.«[9]

Diese Handlungen würden vollständig automatisiert ablaufen, wir handelten also in diesem Fall nicht mehr vorwiegend als reflektierte Individuen, wären nicht mehr wir selbst, sondern richteten uns nach einem unsichtbaren Antrieb, der uns vor allem eines vorgibt: weiter, weiter, weiter, sonst geht alles unter. Das führte in einem solchen Ernstfall auch dazu, dass man vieles täte, was eigentlich gar nicht notwendig wäre. Die Psyche hält den Körper dann durchgängig auf Trab, suggeriert ihm die Notwendigkeit ständiger Bereitschaft, selbst wenn zwischendurch eine Beruhigung der Lage eintreten sollte.

Größere Erdbeben ziehen in der Regel auch Nachbeben nach sich. Die Katastrophe dauert also an, der Mensch bleibt im Alarmzustand und würde erst wieder in den Normalmodus zurückkehren, wenn wir ganz sicher sein könnten, dass die Gefahr vorüber ist und die Menschen sowie unser Hab und Gut gerettet sind.

---

9. http://www.spiegel.de/panorama/0,1518,751051,00.html

Kennzeichen der psychischen Reaktion auf einen echten Katastrophenzustand ist also die länger währende automatische Ausschüttung von Stresshormonen, die uns in Aktion hält. Wir sind in dieser Phase nicht in uns ruhend, sondern durchgängig nach außen ausgerichtet, um die Katastrophe zu bewältigen. Wie ferngesteuert reagieren wir nur auf die extremen Reize, die durch das Unglück entstanden sind. Unsere Psyche hat dieses Programm gespeichert und ruft es ab, wenn sie entsprechende Signale erhält. Ein Kennzeichen wäre allerdings auch, dass nach dem Ende der Katastrophe die Bewältigungsphase eintreten würde, in der wir wieder zur Ruhe kommen.

Das **Hamsterrad**

»Warum aber kann ich nicht aufhören, zu denken, zu kommunizieren, zu ersehnen? Mein Kopf sagt mir, dass er sich Ruhe wünscht. Mein Körper auch. Aber je mehr ich mich nach Ruhe sehne, desto mehr mache ich. Als hätte ich Angst vor diesen fünf Minuten, in denen man nichts tut, außer entspannt in die Sonne zu blinzeln. Ich fühle mich wie Charlie Chaplin in diesem Muster aus Zahnrädern gefangen, funktionieren, machen, einspringen… Aber irgendwie will ich das auch. Kann ich nicht mehr alleine sein? Bin ich süchtig nach Austausch? Und wovor habe ich eigentlich Angst?«[10]

Blogs sind, wen wundert es, eine unerschöpfliche Fundquelle für Dokumente, die den Effekt beschreiben, der unserer Psyche zu schaffen macht. Wer bloggt, *muss* schreiben.

---

10. http://nordfishbaby.wordpress.com/2010/07/26/kann-ich-eigentlich-nicht-mehr-alleine-sein/

Am besten täglich und in den wenigsten Fällen hauptberuflich, sondern neben dem Brotjob, abends, am Wochenende, frühmorgens vor der Arbeit, egal: Hauptsache, es geht weiter, die Leser wollen Futter, das ständige Rauschen im weltweiten Netz darf nicht leiser werden.

Wie war das noch früher? Wir kamen nach der Arbeit nach Hause, es gab Abendbrot und anschließend ging es ohne schlechtes Gewissen in den ruhigen Abend hinein. Die Beine hochlegen. Fernsehen. Ein Buch. Mit dem Partner reden. Was auch immer. Jedenfalls gab es das noch: nicht mehr »on« sein, sondern ganz für sich und nicht mit der halben Welt verbunden.

Heute dagegen sind solche ruhigen Abendstunden das, was wir unbewusst vermeiden wollen. Leerlauf, der uns auf uns selbst zurückwirft und anstatt Ruhe und Gelassenheit Unruhe erzeugt. Heute muss die Feierabendzeit genutzt werden, es muss atemlos immer weitergehen, hyperaktiv wird auch die letzte freie Minute noch gefüllt. Und selbst wenn wir den Abend vor dem Fernseher verbringen, fällt es zunehmend schwerer, sich auf ein Programm, eine Sendung zu konzentrieren. Je mehr Angebote, je mehr Kanäle, desto stärker der Drang, sich durchs Programm zu zappen, immer auf der Suche nach dem größeren Kick.

Dass das nicht freiwillig geschieht, zeigen Umfragen wie die des Instituts für Angewandte Psychologie vom Februar 2011. Dort gaben 81 Prozent der Befragten an, sie fühlten sich durch ihre Arbeit überlastet, und zwar vor allem durch die gleichzeitigen Anforderungen durch Beruf und Familie. Der Aussage, dass der allgemeine Leistungsdruck in allen Bereichen des Lebens immer stärker zunimmt, stimmten beeindruckende 79 Prozent der Teilnehmer zu. Das sind Zahlen, die in ähnlicher Form durch andere Untersuchungen gestützt werden und den Spagat aufzeigen, den viele Menschen tagtäglich hinlegen. Einerseits macht man sich sehr viel von all dem Stress scheinbar freiwillig selbst, andererseits empfindet man ihn als belastend.

Dass in großen Firmen diese Eindrücke auch vorhanden sind, bestätigte mir BMW-Vorstand Harald Krüger in einem Gespräch in München im September 2010. Er betonte dabei, dass man firmenintern sehr intensiv daran arbeite, solchen Entwicklungen zu begegnen. Damit wird deutlich, dass Firmen sich nicht von der Entwicklung im Bereich ihrer Mitarbeiter unabhängig machen können. Wenn die Menschen, die für ein Unternehmen arbeiten, in größerer Zahl unter Druck geraten, gerät auch das Unternehmen selbst unter Druck, da es nur mit zufriedenen Mitarbeitern so produktiv sein kann, dass es langfristig am Markt besteht.

Der Vergleich mit dem Hamsterrad ist nicht neu. Aber er beschreibt immer noch am besten, was wir da eigentlich machen. Im Kapitel über Stress zeige ich, inwiefern sich unser moderner Stress von dem unserer Vorfahren unterscheidet und dass es ein riesiges Problem der Gegenwart ist, dass der moderne Stress stetig zunimmt und uns krank macht.

Wir haben uns angewöhnt, diese Stressbelastung als von

außen gesteuert zu empfinden. Da gibt es den Arbeitgeber, der immer mehr Leistung und immer längere Arbeitszeiten von uns verlangt. Da ist die technische Entwicklung, die immer schneller voranschreitet und damit auch immer mehr Aufmerksamkeit verlangt. Und da sind nicht zuletzt immer kompliziertere soziale Beziehungen, weil die anderen da draußen ja unter genau dem gleichen Stress leiden.

All das lässt im Grunde nur den fatalistischen Schluss zu, dass es kaum möglich sei, sich dem auch nur ansatzweise zu entziehen. Auswege sehen wir nur noch in kurzen Erholungspausen, die wiederum letztlich den gleichen Zwängen unterliegen wie die Stressphasen: Wir müssen Wellness-Urlaube organisieren, Karten für Events besorgen, Ausschau nach guten Partys halten.

Das Hamsterrad läuft also immer weiter und weiter, egal, ob wir uns im privaten oder im öffentlichen Bereich bewegen, egal, ob wir Lust auf Dynamik und Bewegung im Leben haben oder eigentlich lieber eine Ruhepause genießen würden.

New York, so sang schon Frank Sinatra, sei »the city that never sleeps«. Mittlerweile gleicht unser aller Leben diesem Status. Wir sind ständig »on«, schlafen und ausruhen ist feige und wird auf die Zeit nach dem Tod verschoben. Es gibt keinen Ruhemodus mehr, weil wir den Schalter dafür bei den Umgestaltungen unseres Lebens in den letzten Jahren einfach »wegrenoviert« haben. Wir finden ihn nicht mehr und bleiben »angeschaltet«.

Indes: Die äußeren Umstände, die wir natürlicherweise für diesen Zustand verantwortlich machen, sind nicht mehr als der Motor für diese ständige Rotation. Die Zündung geht von uns selbst aus. Wir brauchen diesen »on«-Zustand, wie ein Süchtiger seinen Stoff braucht.

In diesem Sinne ist es also der Mensch selbst, der das Hamsterrad in Bewegung hält. Er rennt und rennt und rennt immer weiter (und immer schneller), um zu verhindern, dass das Rad stoppt und Ruhe einkehrt. Was absurd klingt, ist logisch, wenn man verstanden hat, dass es gerade dieser Ruhezustand ist, gegen den sich unsere Psyche zu wehren scheint.

Das ist der Grund, warum wir immer wieder alles tun, um nicht aussteigen zu müssen. Die deutsche Sprache hält die schöne Wendung »auf dem Laufenden sein« bereit. Harmlos interpretiert heißt das einfach nur, dass wir wissen, was im Bezug auf ein bestimmtes interessantes Thema passiert ist, ob es Neuigkeiten gibt. Vor dem Hintergrund des Bildes vom Hamsterrad bekommt diese Wendung eine neue Bedeutungsvariante. Wir wollen unbewusst gewissermaßen nur noch auf dem Laufenden sein, in Bewegung, weil Stillstand ausschließlich negativ besetzt ist und den Zusammenbruch bedeuten würde. Auf dem Laufenden sein bedeutet in dieser Hinsicht, im Hamsterrad zu bleiben, immer weiterzuhetzen, damit es sich immer schneller dreht.

Wir suchen also wie ferngesteuert, ungewollt, genau die Herausforderungen und Belastungen, von denen wir eigentlich wissen, dass sie uns in der Menge langfristig überfordern. Nur diese Dauerbelastung verschafft uns die Gewissheit, uns nicht auf uns selbst konzentrieren zu müssen, uns selbst aushalten zu müssen.

So einsichtig das hier im ersten Moment vielleicht klingen mag, so schwer ist es im Alltag oft, zu erkennen, dass das Hamsterrad längst eine viel zu hohe Drehzahl erreicht und ein zu hohes Tempo aufgenommen hat. Denn jede einzelne kleine Tätigkeit für sich erscheint uns und auch Außenstehenden natürlich oft nicht als potenzielle Überforderung. Das Motto heißt meistens: Das schaffe ich auch noch, kein Problem. Um den Hamsterrad-Effekt in seiner Gänze sehen zu können, müssten wir genau das tun, was das fortwährende Drehen eben verhindert: innehalten, uns von der Welt abgrenzen und uns einen Moment der Analyse gönnen. Wie viele Dinge tun wir tagtäglich, die keinem bestimmten Zweck dienen, sondern uns lediglich beschäftigt halten? Wann haben wir das letzte Mal alles außerhalb von uns vergessen und uns wirklich entspannt?

Nur echte Entspannung kann das Hamsterrad tatsächlich zum Anhalten zwingen, nicht die durchgeplante Entspannung, wie wir sie uns heute häufig genug »gönnen«: Da geht die Terminflut nach Feierabend gerade so weiter, und nichts unterscheidet die Freizeit von der Arbeitszeit. Die so gerne und oft zitierte »Work-Life-Balance« ist angesichts dessen nur eine von vielen hohlen Phrasen, mit denen wir mittlerweile die Hamsterrad-Wirklichkeit zu kaschieren versuchen.

Ich will ein Beispiel zur Verdeutlichung anführen. Bei einer Veranstaltung traf ich kürzlich einen Universitätsprofessor, der für seinen hohen Arbeitseinsatz bekannt ist. Kollegen und Studenten schätzen an ihm beispielsweise die Schnelligkeit, mit der er auf Anfragen ihrerseits antwortet. Von mir befragt, wie er das mache, erzählte er stolz, dass er quasi jeden Abend noch am Schreibtisch sitze und eMails beantworte. Das mache ihm nichts aus, und die Rückmeldung gerade von den Studenten beweise ja auch, dass dieser Arbeitseinsatz sich lohne.

Ich fragte ihn dann, wie er reagieren würde, wenn seine Frau ihn bei dieser abendlichen Tätigkeit störte und – einfach nur so – bitten würde, mit ihr spazieren zu gehen, weil es ein schöner Abend sei. Möglicherweise würde er diesem Wunsch sogar nachkommen, doch könnte er den Spaziergang auch genießen? Wäre er mit den Gedanken bei seiner Frau, beim trauten Zwiegespräch? Oder würden sich seine Gedanken weiter um die letzte Antwort-Mail drehen, um Fragen, die es noch zu bearbeiten gilt, um Formulierungen und Begründungen? Darauf hatte er zunächst keine Antwort.

Worum es mir in diesem Beispiel geht: Wir können uns natürlich zwingen, von einer Sache zu lassen, den Stress abzuschalten und Freizeit zu haben. Das führt jedoch nicht unbedingt dazu, dass wir in dieser Freizeit auch wirklich zur Ruhe kommen. Und nur dann wäre der Spaziergang des Professors mit seiner Frau im eigentlichen Sinne wertvoll. Wenn er innerlich abgegrenzt wäre, die Hoheit über sein Tun nicht verloren und das Heft des Handelns in der Hand hätte. Es geht weniger darum, ob er sofort springt, wenn seine Frau ihn anspricht. Es ist auch möglich, dass er sie bittet, einen Moment zu warten, bis er eine wichtige Mail abgeschickt hat. Wenn er sich jedoch dafür entscheidet, den Computer auszumachen, um ihrem Wunsch nachzukommen, sollte er auch bei ihr sein. Und bei ihr sein heißt – nicht nur in seinem Fall – eben zunächst einmal auch bei sich selbst zu sein.

Die Frage, die ich an ihn stelle (und viele von uns müssen sich heute diese Frage stellen), lautet: Bin ich Herr über meinen Computer, oder ist er Herr über mich? Den Computer zu beherrschen heißt nur vordergründig, mit den technischen Anforderungen umgehen zu können. Ihn wirklich zu beherrschen heißt: ihn ausmachen zu können, wenn und wann *ich* will.

Das klingt zunächst unbedeutend, wird jedoch zunehmend zum Kennzeichen unsere Online-Gesellschaft. Online zu sein bedeutet immer auch ein »woanders sein«. Ich bin nicht bei mir selbst, wenn ich online bin, sondern vernetze mich intensiv mit anderen. Neben den vielen positiven Effekten dieser Vernetzung führt sie eben auch dazu, das eigene Ich ein Stück weit aufzulösen. Mit jeder neuen Vernetzung gebe ich ein Stück von mir ab, es fällt mir schwerer, in den Offline-Modus zu schalten, da mir dann die fehlende Vernetzung schmerzlich bewusst wird und es mich drängt, sie wieder herzustellen. Ich habe schon vom Zapping gesprochen. Für viele Menschen mag der Fernseher nicht mehr die dominierende Rolle spielen, die er in zurückliegenden Jahrzehnten hatte. Das bedeutet jedoch nicht, dass in der frei gewordenen Zeit mehr gelesen, miteinander gesprochen oder Sport getrieben würde. Die Fernsehzeit fällt nicht einfach weg, sie wird substituiert durch Online-Zeit. Das moderne Zapping ist das Surfen bzw. der dauerhafte Aufenthalt auf Social-Media-Seiten.

Gerade das Erstarken der sogenannten Sozialen Medien bietet ein anschauliches Beispiel dafür, was ich meine. Plattformen wie Facebook, Twitter, StudiVZ und andere sind mittlerweile über jedes internetfähige Endgerät auf einfache Weise ansteuerbar. Es ist also auch nicht mehr davon abhängig, ob ich gerade meinen Computer zur Verfügung habe, es reicht ein mobiles Endgerät, sei es Smartphone, Tablet-Computer oder Laptop, um die totale Verfügbarkeit sicherzustellen.

Diese Plattformen funktionieren dabei wie ein digitales Hamsterrad. Der User macht das Gerät an, schaut vielleicht zuerst auf die Status-Updates seiner »Freunde« bei Facebook. Nachdem er dort eine Weile verweilt, zieht es ihn in die Twitter-Timeline, denn dort warten zum Teil ganz andere Kontakte unter denjenigen, bei denen er »Follower« geworden ist. Ein Teil dieser Kontakte überschneidet sich indes auch, sodass er manche Meldung nun doppelt serviert bekommt. Das Lesen der Timeline kann dauern, mittlerweile beschleicht ihn jedoch das komische Gefühl, es könnten wichtige eMails im Postfach lagern, also scrollt er sich schnell durch die aufgelaufenen Mails, nur um dann wieder den Bogen zurück zu Facebook zu schlagen, denn natürlich steht die Zeit dort nicht still, und seit dem letzten Besuch sind bereits wieder viele neue Mitteilungen der »Freunde« dazugekommen. Wobei anzumerken ist, dass diese Mitteilungen bzw. »Status-Updates« immer nur einen Ausgangspunkt darstellen. Dazu kommen: Kommentare, Bilder, Links zu Freunden von Freunden, Videos, Audio-Dateien, Links zu weiterführenden Websites und mehr. Es wäre vermutlich sehr einfach, jemanden mit, sagen wir, 500 Facebook-Freunden vor den Rechner zu setzen und ihm aufzutragen, sich 24 Stunden in diesem Universum aufzuhalten. Das nie nachlassende Grundrauschen würde seine Psyche vollends zufriedenstellen.

Daraus folgt auch, dass die Psyche nicht zufrieden ist, wenn wir uns aus diesem »stream« ausklinken. Eine Studie der Napier-Universität in Edinburgh, über die die Süddeutsche Zeitung in ihrer Online-Ausgabe berichtet, hat dazu vor einiger Zeit ein interessantes Ergebnis gebracht. Dort gaben immerhin zwölf Prozent an, Facebook löse bei ihnen Angstgefühle aus. Weiterhin interessant in diesem Zusammenhang war noch, dass die Gruppe der »Ängstlichen« im Schnitt 117 Facebook-Freunde aufwies, während diejenigen, die nicht von Angst sprachen, lediglich auf 75 Freunde kamen. Anders gesagt: Je mehr Freunde bei Facebook, desto größer die Angst, wichtige Dinge zu verpassen, nicht informiert zu sein. Oder wie der Autor des Artikels es ausdrückt: »Wer sich ausloggt, bildet sich häufig ein, damit aus diesem privaten Nachrichtenkosmos ausgeschlossen zu sein.«[11]

Wir sehen auch hier den Katastrophenmodus, und zwar in doppelter Hinsicht: Schaue ich dauerhaft auf den stream bei Facebook, werde ich mit allerlei Nachrichten, darunter naturgemäß überwiegend negativen Nachrichten, konfrontiert, die Stress auslösen und die Psyche überfordern. Steige ich aus dem stream aus, erzeugt das ein schlechtes Gewissen und behindert das Hamsterrad, weil ich mich von der Welt ausgeschlossen fühle.

Ganz klar also: Für den modernen Menschen, dessen Psyche auf Katastrophe umgestellt hat, sind die sozialen Medien ideal, weil sie ihn ständig auf Trab halten. Man muss nie abschalten, die Psyche stabilisiert sich auf ihrem hochgedrehten Niveau. Selbst wenn man nicht vor dem Bildschirm sitzt, lösen all die Informationen in uns ein Weiterdrehen des Hamsterrades aus. Das ist möglicherweise etwas überspitzt dargestellt, aber die Tendenz zum »living online« ist eindeutig da und ist für die Psyche im Katastrophenmodus eine willkommene Gelegenheit, den Druck hoch zu halten.

---

11. http://www.sueddeutsche.de/digital/untersuchung-unter-studenten-facebook-freunde-steigern-den-stress-1.1061963

Warum antwortest du nicht?
Der Zwang zur permanenten Erreichbarkeit

»Liebe Freunde, heute nehme ich mal einen Tag Auszeit und schreibe nichts auf Facebook.«
(Facebook-Eintrag eines Users von seinem Blackberry-Smartphone aus)

Ein Arzt im Krankenhaus oder im Notdienst hat einen harten Job. Er muss stets erreichbar sein und hat zu diesem Zweck einen Pieper bei sich. Er muss während seines Dienstes also in jeder Sekunde damit rechnen, »angepiepst« zu werden und sofort auf eine neue, in der Regel schlimme, Situation zu reagieren.

Im zweiten Jahrzehnt des 21. Jahrhunderts sind wir zu einem Volk von Notärzten mit Piepern geworden. Permanente Erreichbarkeit ist das höchste Ziel, das der moderne Netzbürger vor Augen hat. Bleibt man im Bild des Netzes, das im Sinne von »viele Leute kennen« eigentlich ein positives ist, so wandelt sich dieses Bild ins Negative eines Spinnennetzes, aus dem es kein Entkommen gibt, weil das Opfer kleben bleibt.

Und kleben bleiben wir alle, immer häufiger, im Netz der Verfügbarkeit. Natürlich haben Handys und Computer einen Ausschalter, natürlich kann man ein Telefon auch einfach klingeln und den Anrufer mit dem Anrufbeantworter kommunizieren lassen. Wenn das nur nicht so verdammt schwierig geworden wäre! Jeder Anruf, jeder SMS-Signalton, jedes »Ping« einer neuen Mail im Postfach lösen bei uns Endorphinschübe aus. »Jemand. Will. Was. Von. Mir. Ich. Bin. Wichtig.« Das ist die Botschaft, die unser Gehirn empfängt und auf die es reagiert. Abschalten wird da manchmal fast unmöglich, in einem doppelten Sinne. So wenig, wie wir es schaffen, die elektronischen Geräte abzuschalten, so wenig schaffen wir es, vom Stress abzuschalten und zur Ruhe zu kommen.

Entstanden ist damit ein gefühlter Zwang zur permanenten Erreichbarkeit. Die technischen Mittel dafür sind nur das Vehikel für eine Erwartungshaltung, die Freunde, Bekannte, Kollegen, Chefs und sogar völlig Fremde an uns haben. Das eMail-fähige Handy, das mit dem Firmenaccount synchronisiert ist (und vermutlich auch noch von der Firma gestellt wird), hat zur Abschaffung des klassischen Wochenendes geführt, an dem Papa und Mama den Kindern oder die Lebenspartner einander gehörten. Ein Teil bleibt nun immer auf Empfang, ständig in der Furcht, dem Chef könnte just am Samstagnachmittag zur besten Bundesliga-Zeit ein entscheidender Gedanke zum aktuellen Projekt kommen, natürlich verbunden mit einer entsprechenden Anweisung.

Dass das Ganze noch nicht das Ende der Fahnenstange erreicht hat, zeigen sogenannte Lokalisierungsdienste im Internet. Egal, ob »gowalla«, »foursquare« oder »Facebook Places«: Nutzt der User diese Dienste, ist er nicht nur ständig erreichbar, sondern seine Netz-»Freunde« wissen auch noch ständig, wo er sich gerade aufhält. Natürlich ist auch hier niemand gezwungen, diese Dienste zu nutzen bzw. seine Daten zur Verfügung zu stellen. Aber es ist ja auch niemand gezwungen, sein Handy und seinen Laptop angeschaltet zu haben.

Wer sich im Urlaub in ganz typischen Urlaubsgebieten mal bewusst in Cafés umschaut, wird dort immer mehrere Gäste mit Laptop auf dem schmalen Tisch sehen, routiniert verhindernd, dass der zur Entspannung gedachte Latte Macchiato auf die Tastatur kippt. Und am Handy spielen mit Sicherheit deutlich mehr als die Hälfte der Cafébesucher herum. Beispielsweise, um Fotos zu schießen, die man dann natürlich sofort bei Facebook hochlädt, um zu beweisen, dass man wirklich an diesem Ort im Urlaub ist.

Fast anachronistisch wirken da beispielsweise für den Wien-Besucher die in vielen Kaffeehäusern aufgehängten Handy-Verbotsschilder. Niemand hält sich dran, doch kommt hier der Ursprungsgedanke des Wiener Kaffeehauses wieder zum Vorschein. »Allein sein unter lauter Leuten« könne man dort, so beschrieb es einst Alfred Polgar. Mit dem Handy und dem Laptop auf Dauerempfang ist niemand mehr allein. Die Welt, die einen früher mal gernhaben konnte, wenn man in die Zeitung vertieft an der Melange schlürfte, ist nun immer in der Hosentasche und kann sich jederzeit melden, um etwas scheinbar Wichtiges zu erzählen.

Kein Wochenende, kein Feierabend, kein Urlaub. Körper und Geist sind »on«, bis einer von beiden aufgibt. »Burnout« nennt man das dann; was lange Zeit nur bei hochbezahlten und dauergestressten Managern angesiedelt schien, hat sich mittlerweile als Phänomen in allen Gesellschaftsschichten breitgemacht.

Die Zahl der Krankschreibungen, die als Ursache Burnout anführen, ist in den letzten Jahren um ca. 20 Prozent gestiegen, quer durch alle Branchen und Ebenen innerhalb der Betriebe. Einer Studie der Internationalen Arbeitsorganisation IAO zufolge litten bereits im Jahr 2000 ca. zehn Prozent aller Arbeitnehmer an Burn-out-Symptomen. Das führe, so die Studie weiter, u.a. auch zu Gesundheits-Mehrausgaben innerhalb der EU von bis zu vier Prozent. Mit zweieinhalb Milliarden Euro wird die Summe angegeben, die alleine der deutschen Wirtschaft durch entsprechende Erkrankungen ihrer Mitarbeiter verloren gehe. Solche Zahlen mögen eine Ahnung davon geben, welche Dimension das Problem in allen Bereichen mittlerweile angenommen hat.

Entscheiden Sie sich JETZT – Wenn aus Freiheit Zwang wird

Bereits in »Warum unsere Kinder Tyrannen werden« hatte ich ein Beispiel für die mitunter groteske Weise angeführt, in der uns heute ein Entscheidungszwang aufgenötigt wird. Es ging dabei um den Unterschied zwischen dem Mieten eines Telefons und dem Anschließen der Leitung in früheren Zeiten und den unendlichen Möglichkeiten auf dem Telekommunikationsmarkt heute. Dieses Beispiel löst bis heute bei Lesungen und Veranstaltungen spürbare Zustimmung und Erheiterung aus, weil sich jeder sofort wiedererkennt.

Wir sprechen von »Entscheidungsfreiheit« als etwas Positivem. Und setzen Zwang als Gegensatz dazu. Das ist richtig so, birgt aber auch die Gefahr in sich, dass wir uns nicht mehr wirklich bewusst machen, was im Begriff der Entscheidungsfreiheit noch steckt. Ein ganz wichtiger Faktor droht nämlich so langsam zu verschwinden: die Freiheit, sich nicht entscheiden zu *müssen*. Entscheidungsfreiheit also im Sinne von »Freiheit vom Entscheidungszwang«.

Unsere Psyche ist eigentlich nicht dafür gemacht, ständigem Entscheidungszwang ausgesetzt zu sein. Auch dies ist für sie eine Art von Katastrophenszenario. In der Katastrophe ist der Mensch die ganze Zeit in Alarmbereitschaft, die Psyche ist darauf eingerichtet, in kürzester Zeit vielleicht lebenswichtige Entscheidungen treffen zu müssen. Um diesen Zustand ausgleichen zu können, muss irgendwann die Katastrophe vorbei sein und Ruhe einkehren.

Analog zu den beschriebenen Stresszuständen fehlt jedoch in zunehmendem Maße diese Ruhe: Die Freiheit, sich entscheiden zu können, wird zu einem Zwang, sich andauernd entscheiden zu müssen. Dazu kommt: Wer viele Entscheidungen trifft, liegt auch häufiger mal daneben, macht Fehler, vielleicht sogar folgenschwere Fehler. Das führt dazu, dass langsam, aber stetig die Angst vor Fehlentscheidungen wächst.

Aus dieser Angst entsteht neuer Stress, der den alten, nicht abgebauten, noch potenziert. Und nicht nur die Angst, eine Fehlentscheidung zu treffen, spielt eine Rolle, sondern auch die Angst davor, durch diese falsche Wahl etwas Wichtiges zu verpassen. Es geht also um die Angst vor der Wahl an sich und vor den Folgen dieser Wahl, eine offensichtliche Doppelbelastung für die Psyche.

In letzter Konsequenz folgt aus diesen Ängsten eine faktische Handlungsunfähigkeit. Wer in einer Entscheidungssituation vor allen Möglichkeiten Angst hat, wird tendenziell dazu neigen, die Entscheidung zu vertagen oder tatsächlich gar nicht mehr zu treffen. Daraus können soziale Nachteile mehr oder weniger schwerwiegender Natur entstehen. Dazu ein einfaches Beispiel:

Es ist Samstagabend, das Ehepaar Schuster hat zwei Möglichkeiten, die freie Zeit zu gestalten. Ein Freund hat einen beruflichen Aufstieg geschafft, was mit einer großen Party gefeiert werden soll. Andererseits freuen beide sich schon lange auf das Konzert ihrer Lieblingsband, für das sie bereits vor geraumer Zeit Karten gekauft haben. Obwohl allein schon das in die Karten investierte Geld als Argument ausreichen könnte, diskutieren beide den ganzen Samstag über, wohin es abends gehen soll. Man möchte den Freund nicht enttäuschen, ist aber voller Vorfreude auf das Konzert. Andererseits sind auf der Party des Freundes eventuell interessante Leute, die beim eigenen beruflichen Weg nützlich sein könnten. Es steht jedoch auch zu befürchten, dass andere Bekannte, die für das mittlerweile ausverkaufte Konzert keine Karten mehr bekommen haben, fragen werden, wie es denn gewesen sei (und da die Entscheidung bis zuletzt aufgeschoben wird, kann man auch diesen Bekannten die Karten nicht mehr schenken, da sie schon andere Pläne für den Abend haben).

Diese Situation endet schließlich mit dem größtmöglichen Fiasko. Schusters streiten den ganzen Tag über und bleiben schließlich daheim, weil keine einvernehmliche Entscheidung getroffen werden konnte. Die teuren Konzertkarten verfallen, die Freude an der Musik und am Erlebnis ist auch perdu, der Freund ist sauer über die Partyabsage, und auch wenn wichtige Leute dort waren, die weitergeholfen hätten, haben Schusters sie nie getroffen.

Wer ehrlich ist, wird zugeben müssen, eine ähnliche Situation, vielleicht in milderer Form, schon einmal erlebt zu haben. Und bei den meisten von uns dürfte es so sein, dass die Menge der Zwickmühlen, aus denen man unbefriedigt hervorgeht, eher zunimmt. Trotzdem suchen wir immer wieder unbewusst den Entscheidungszwang. Wir suchen uns so viele Optionen wie nur möglich und klagen hinterher darüber, dass wir uns nicht entscheiden können.

Wir haben die freie Auswahl.
Aber wollen wir das überhaupt?

In engem Zusammenhang mit dem Entscheidungszwang steht die Freiheit der Auswahl. Sie können sich sicher noch recht gut daran erinnern, wann, wie und wo Sie die Liebe Ihres Lebens kennen gelernt haben. Wenn Sie über 35 sind, ist die Wahrscheinlichkeit relativ groß, dass das in jenem Umfeld passiert ist, das im Internet heute unter dem Kürzel RL geführt wird: im »Real Life«, im echten Leben also, irgendwo da draußen, oft an der Arbeitsstelle, manchmal in der Disco, auf einer Feier oder auch einfach im Café.

Ganz egal, an welchem konkreten Ort sich diese wegweisende Begegnung letztlich ereignet hat, eins ist sicher: Sie waren nicht wirklich vorbereitet, der Zufall spielte eine große Rolle, das Leben hat sie beide einfach so zusammengeführt, kurz: Sie hatten ja gar keine Wahl...

Das ist heute anders. Zum RL ist eine weitere Dimension hinzugetreten, das VL, das »Virtual Life«, die Cyber-Existenz, ein zweites Ich im virtuellen Raum gewissermaßen, das in sozialen Netzwerken, Chats und per eMail mit anderen kommuniziert, die es niemals zu sehen bekommt. Zu den sozialen Netzwerken im weiteren Sinne kann man auch Partnersuchbörsen zählen, über die Singles heute ihren Traumpartner finden können, so lautet zumindest das immer implizite und oft genug auch explizite Versprechen der Betreiber solcher Plattformen.

Die Partnersuche im Internet hat Konjunktur. Seit es die ersten Gehversuche mit solchen Seiten gab, sind Nachfolgeprojekte wie Pilze aus dem Boden geschossen, und einige der größten rühmen sich mittlerweile durchaus nennenswerter Mitgliederzahlen.

Die Existenz solcher Plattformen ist natürlich nicht zu beanstanden. Kontaktanzeigen hat es auch zu Print-Zeiten schon gegeben (und es gibt sie immer noch). Der entscheidende Punkt liegt in der Illusion, den Zufall ausschalten zu können, selbst auswählen zu können, wie der zukünftige Lebenspartner beschaffen sein muss, damit wir es ein Leben lang mit ihm oder ihr aushalten.

Der Effekt ist ein extrem überzogenes Anspruchsdenken in Bezug auf einen potenziellen neuen Partner. Man glaubt, sich mit den neuen technischen Möglichkeiten die beste Partie überhaupt aussuchen zu können, und wird entsprechend anspruchsvoll. Spricht man mit Menschen, die über diesen Weg jemanden kennen gelernt haben, bekommt man in den meisten Fällen zu hören, dass das natürlich nicht funktioniert. Irgendetwas stimmt immer nicht, und entdeckt wird das eher früher als später. Oft schon beim ersten Treffen. Vielleicht kann der andere tatsächlich so schön erzählen, wie er in seinem Profil angepriesen hat. Was aber nützt das, wenn der Inhalt des Erzählten uns nicht interessiert? Vielleicht mag er wirklich genauso gerne einen trockenen Rotwein wie wir, was aber nützt das, wenn er nach einer halben Stunde schon beim dritten Glas ist und nicht mehr schön erzählen kann?

Wir haben die freie Auswahl. Aber wollen wir das überhaupt?

Diese Art der Partnersuche artet mit steigendem Alter zunehmend in Stress aus. Bei Frauen tickt die biologische Uhr, wenn sie nach der ersten Karrierephase in ihrem Leben vielleicht doch feststellen, dass sie gerne Kinder haben möchten. Und bei Männern erschlafft der ewige Jagdinstinkt mit den Jahren bisweilen auch ein wenig, die Sehnsucht nach einer lang dauernden »echten« Beziehung bzw. *der* einen ewig dauernden Beziehung wird größer. Da wird es dann zum großen Problem, dass die reine Vernunftehe früherer Tage mittlerweile durch den Wunsch nach dem perfekten Partner abgelöst worden ist. Die Akzeptanz von Schwächen, das Miteinander-Auskommen »in guten wie in schlechten Tagen« ist zur Ausnahmeregelung herabgestuft.

Es geht hier natürlich nicht darum, wo und auf welche Weise man seinen Lebenspartner kennen lernen könnte. Entscheidend für unseren Zusammenhang ist, was das System der Partnerbörsen dem Nutzer vorgaukelt. Es wird suggeriert, dass irgendwo da draußen Hunderte Menschen nur darauf warten, von mir gefunden zu werden. Diese Menge an Menschen, so bekomme ich vermittelt, muss doch auch genau die Mischung bereitstellen können, die mir in meinen kühnsten Träumen vorschwebt. Die banale Erkenntnis, dass Partnerschaften, wenn sie von Dauer sein sollen, früher oder später mit Kompromissen leben müssen, kommt in diesem System nicht mehr vor. Das bedeutet: Sobald der erste Kompromiss am Horizont droht, verziehen wir uns und gehen wieder auf die Pirsch. Es gibt ja so viel Auswahl.

Die Partnerwahl ist nur ein Beispiel für die Diktatur der unbegrenzten Möglichkeiten. Am Beispiel der unendlichen Auswahl an Handys, Tarifen, Verbindungen hatte ich ja bereits gezeigt, wie uns diese Auswahl am Ende total überfordert. Und es ist seitdem nicht besser geworden.

Wenn wir unser Alltagsleben einmal genau betrachten, sehen wir eine stetig steigende Zahl von nicht immer sinnvollen Entscheidungsmöglichkeiten. Wer ein neues Auto kaufen will, hat eine derart große Auswahl an Farb- und Ausstattungsvarianten, dass man etwas böswillig vermuten könnte, allein aus einem Grund würden immer noch so viele schwarze, weiße und silberfarbene Autos auf unseren Straßen fahren, nämlich, weil die Käufer an dieser Auswahl verzweifeln und auf die bewährten Kombinationen zurückgreifen.

Ein weiteres gutes Beispiel sind Digitalkameras. Die Anzahl der auf dem Markt befindlichen verschiedenen Modelle scheint unendlich. Die Unterschiede indes sind nicht nur marginal, sondern letztlich für fotografische Laien, und das dürften die meisten von uns sein, kaum von Bedeutung. Mehr als etwa zehn verschiedene Funktionen wird der normale Kamera-Benutzer niemals verwenden, und exakt diese zehn Funktionen bieten mit Sicherheit 99 Prozent aller auf dem Markt befindlichen Geräte. Was nichts anderes heißt, als dass die 45 weiteren Funktionen, die manche Kameras bieten oder eben nicht bieten, für mich eigentlich vollkommen unerheblich sind. Geld in diese Funktionen zu investieren, indem ich eine teurere Kamera kaufe, mag mir für einen Moment die Illusion bringen, fast schon ein Fotografie-Profi zu sein. Spätestens nach den ersten Bildern werde ich in dieser Hinsicht jedoch wieder auf dem Boden der Realität sein. Und mich darüber ärgern, viel Zeit auf die Auswahl und viel Geld für den Erwerb der Kamera verschwendet zu haben.

Bis hierher klingt das alles noch in etwa so: Es ist zwar bisweilen schwierig mit der großen Auswahl und vielleicht auch ärgerlich, die falsche Wahl getroffen zu haben, aber das wird doch wohl allemal dadurch ausgeglichen, dass wir diese Auswahl überhaupt zur Verfügung haben.

Wirklich?

Beschäftigen wir uns mit den psychischen Auswirkungen der totalen Auswahl. Was macht das mit uns, wenn wir nie sicher sein können, eine richtige Entscheidung getroffen und alle Möglichkeiten wahrgenommen zu haben? Macht es uns glücklich oder erzeugt es Stress?

Nicht umsonst kennen wir den Begriff von der »Qual der Wahl«. Es gibt psychologische Studien, in denen herausgefunden wurde, dass etwa im Bereich von technischen Produkten bereits eine Auswahl von mehr als sieben Möglichkeiten die meisten Konsumenten überfordert. Die optimale Anzahl liegt sogar nur bei drei.[12] Das ist im Übrigen auch für

---

12. Die konkreten Zahlen beziehen sich dabei auf eine Studie, die im Auftrag des »Journal of Product and Brand Management« durchgeführt wurde.

die Industrie keine ganz uninteressante Erkenntnis. Die Folge ist nämlich nicht selten, dass diese Kunden am Ende gar kein Produkt kaufen, weil sie sich nicht entscheiden können.

Hier wie auch sonst im Leben kommt eine stark gestiegene Angst vor Fehlentscheidungen zum Ausdruck. Je größer die Auswahl, desto stärker steigen der psychologische Druck und das Gefühl, etwas Falsches auszusuchen, übers Ohr gehauen zu werden, zu viel Geld auszugeben. Der Mensch, für den die Produkte eigentlich da sein sollen, fühlt sich klein vor ihnen angesichts ihrer schieren Menge.

Dazu kommt noch, dass ein Teufelskreis entsteht: Wer ständig Angst vor Fehlentscheidungen hat, gerät unter Stress. Er verliert nicht nur einerseits die Fähigkeit, überhaupt noch sicher zu beurteilen, ob er wirklich eine falsche Wahl getroffen hat, sondern die ständige Stressüberlastung des Gehirns führt andererseits auch dazu, dass er im weiteren Verlauf tatsächlich in immer größerer Gefahr steht, Fehlentscheidungen zu treffen, weil objektive Entscheidungskriterien eine zunehmend untergeordnete Rolle spielen.

Wie wohltuend eine »Auszeit« in diesem Teufelskreis sein kann, zeigte mir das Beispiel einer Bootstour in Griechenland, die ich einmal mit Freunden unternahm. Wir mussten eine ganze Woche lang keine (wichtige) Entscheidung treffen; die Richtung, in die wir fuhren, wurde von unserem griechischen Reiseführer bestimmt, die Arbeiten an Bord waren klar verteilt. Eine größere Entlastung, mehr Urlaub im eigentlichen Sinne hätte es gar nicht geben können.

Die Konsequenz aus diesem Teufelskreis ist eine Entwicklung, die wir gesellschaftlich in den letzten Jahren immer stärker sehen können. Es besteht eine gefährliche Tendenz, gar keine echten Entscheidungen mehr zu treffen, sondern immer nur vorläufige. Habe ich eine Entscheidung getroffen, interessieren mich die Auswirkungen eigentlich schon fast nicht mehr, sondern ich bereite mich gleich auf die nächste Entscheidung vor.

Auch hier ist das Feld der Partnerwahl ein gutes Beispiel. Die Klagen über die zunehmende Beliebigkeit von Beziehungen sind mittlerweile ein Allgemeinplatz. Der Begriff des Lebensabschnittspartners, einige Zeit noch mit ironischem Unterton gebraucht, hat heute seine volle Berechtigung, viele Menschen können sich tatsächlich kaum noch vorstellen, mit einem Partner mehr als einen Lebensabschnitt zu teilen; die Vorstellung, ein ganzes Leben lang zusammenzubleiben, kommt da mehr und mehr einem absurden Ideal gleich.

Die Angst vor Fehlentscheidungen und die Angst, mit einer endgültigen Entscheidung etwas noch Besseres zu verpassen, kennzeichnet die Grundeinstellung der sogenannten »Yeppies«. Yeppie steht für »Young Experimental Perfection Seeker« und ist eine von Anthropologen in Anlehnung an den bekannten 80er-Jahre-Begriff des »Yuppies« entwickelte Bezeichnung. Wir haben damit eine so smarte wie heuchlerische Umschreibung für das, was das Leben der heutigen jüngeren und der nachfolgenden Generationen kennzeichnet. Die Yeppies hüpfen von einer scheinbar folgenlosen Entscheidung zur nächsten und gaukeln sich selbst vor, diese nie endende Suche nach Perfektion sei etwas Positives.

Dabei geht es nicht darum, dass es schon immer die Gruppe der Unsteten gegeben hat; die, die nach dem Motto »Lebe wild und gefährlich« vorgingen und sich damit insgeheim der Bewunderung der bürgerlichen Schichten sicher sein konnten. Es geht nicht um Freiheit und Ungebundenheit als Lebenskonzept, es geht schon lange nicht mehr um die Befreiung von den Fesseln eines Spießbürgertums, das Kreativität und Selbstverwirklichung unterdrückt hat. Nein, der Yeppie ist kein politischer Revoluzzer und kein kultureller Freigeist. Das Gegenteil ist der Fall. Der Yeppie ist das personifizierte Hamsterrad. Er ist ein Getriebener, der immer unterwegs ist, aber nie ankommen wird, der große Pläne hat, deren Verwirklichung aber gleichzeitig die größte Gefahr für ihn darstellen würde.

Denn was würde passieren, wenn der Yeppie mit all seinen Experimenten die Perfektion nicht nur gesucht, sondern tatsächlich gefunden hätte? Dieses Finden würde den abrupten Ausstieg aus dem Hamsterrad bedeuten. Den plötzlichen Stillstand, die totale Ruhe, und vor allem, es würde bedeuten, auf weitere Möglichkeiten zu verzichten, eine endgültige Entscheidung getroffen zu haben.

Das jedoch ist exakt das, was die Psyche des Yeppies nicht verkraften würde. Sie ist darauf angewiesen, dass die Suche weitergeht, dass dem einen Reiz der nächste folgt, dass die

Atemlosigkeit bestehen bleibt und die Experimente niemals enden mögen.

Immerhin: Der Yeppie handelt noch, vergleichsweise sinnentleert zwar und in viel zu hoher Frequenz, doch oberflächlich betrachtet, funktioniert sein Leben meist sogar ganz gut. Viele verschiedene Beziehungen statt einer dauerhaften erscheinen nach außen als wildes, interessantes Leben, zumindest, wenn es sich um Männer handelt. Unterschiedliche Jobs gemacht zu haben, anstatt über Jahre hinweg in dasselbe Büro zu gehen, kann auch als Erfahrung und Offenheit für neue Trends gedeutet werden. Die Negativbelastung der menschlichen Psyche verschwindet dahinter, denn Psyche kann man nicht sehen.

Was man aber sehen kann und auch bei dem einen oder anderen Yeppie irgendwann bemerken wird, ist das extremste Resultat der permanenten Angst vor Fehlentscheidungen und der Furcht davor, irgendetwas zu verpassen: eine totale Handlungsunfähigkeit.

Das ist das gleiche Phänomen wie bei jenen Kunden, die mehr als sieben Produkte zur Auswahl haben und häufig am Ende gar keines kaufen, weil sie sich von der Auswahl überfordert fühlen. Das ist natürlich keine schlimme Handlungsunfähigkeit, vom Kauf irgendeines technischen Produktes hängt kein Lebensglück ab. Aber man kann sich leicht vorstellen, wie der gleiche Effekt auf anderen Gebieten eintritt.

Scheinbar totale Freiheit kann sich also leicht in ihr genaues Gegenteil verkehren. Ich will an einem vielleicht absurden Beispiel (das aber vielen bekannt vorkommen dürfte) verdeutlichen, wie das gemeint ist.

Ein Freund erzählte mir kürzlich, er habe mit seiner Frau eine alte amerikanische Serie angeschaut. In einer Szene will der Protagonist seine Frau, die mit gesundheitlichen Problemen zu kämpfen hat, in der Klinik besuchen. Er fährt also mit seinem großen amerikanischen Geländewagen dorthin und gelangt auf einen sehr großen Parkplatz. Auf diesem Parkplatz stehen nur wenige Autos, und es sind keine Parkbuchten markiert. Er parkt also ohne Probleme irgendwo ein.

Während der Filmdarsteller nun seinen Geländewagen auf dem Parkplatz abstellt, erinnerte sich mein Freund an eine Situation, die er vor kurzer Zeit ähnlich, aber viel problematischer erlebt hatte: ein riesiger Parkplatz, kaum Autos, keine Markierungen. Anders gesagt: jede Menge Platz, um das Auto abzustellen. Das genaue Gegenteil von nervigem Suchen bei innerstädtischer Parkplatznot, eigentlich also paradiesisch. Und trotzdem stellte sich urplötzlich ein Gefühl der Überforderung ein. Die schiere Auswahl forderte ihn geradezu dazu auf, eine Entscheidung treffen zu müssen. Es war so viel Parkraum frei, dass er für einen langen Moment unentschlossen mit dem Auto auf dem Parkplatz stand, ohne einen freien Parkplatz ansteuern zu können. Als scannte sein Gehirn den ganzen Parkplatz, um anhand der zahllosen Möglichkeiten den bestmöglichen Platz herauszufinden. Keine Frage: Wäre auf dem ganzen Parkplatz nur eine einzige Bucht frei gewesen, hätte der Einparkvorgang weniger Zeit in Anspruch genommen. So jedoch fehlte Struktur, Orientierung, und das Gehirn war in einer anscheinend einfachen Situation überfordert.

So geht es uns heute häufig. Beschränkungen und Grenzen fallen, die Auswahlmöglichkeiten nehmen exponenziell zu, und wir haben immer mehr Schwierigkeiten, mit dieser Auswahl sinnvoll umzugehen. Sie hemmt uns in unserer Lebensführung, macht ein ständig schlechtes Gewissen, weil im Hintergrund immer noch so viele nicht getroffene Entscheidungen stehen, von denen wir zwar nicht wissen können, ob sie besser gewesen wären, die uns aber genau dieses Gefühl vermitteln.

Dazu kommt: Wer die Möglichkeit hat, viele Entscheidungen zu treffen, hat implizit auch stets die Möglichkeit, die »beste« Entscheidung zu treffen. Er ist scheinbar nicht mehr gezwungen, Kompromisse einzugehen und sich mit der zweitbesten Lösung zufriedenzugeben, sondern kann immer das Optimum erreichen.

Das jedoch ist nur scheinbar ein Potenzial; in Wirklichkeit wird es längst von uns erwartet, dass wir, so oft es geht, dieses Optimum herausholen. Sonst erscheinen wir unserem Umfeld als Versager, nicht ausreichend engagiert, oder man unterstellt uns Glücklosigkeit und automatisch Unzufriedenheit. Im schlimmsten Fall führt das zu einer Form von Getriebenheit, wie sie die deutsche Sängerin Annett Louisan in ihrem Lied »Das optimale Leben« beschreibt:

Das Hamsterrad

»Du suchst das optimale Leben / Wenn's geht, über Tarif / Doch leider bleibt der Kick / Niemals ultimativ. / Bis gestern war's das Größte / Heute wirkt es ordinär / Denn jetzt, wo du alles hast / Reicht's nicht mehr.«

Der Protagonist des Songs ist immer auf der Suche nach dem »optimalen Leben«, doch jedes Mal, wenn er ein Ziel erreicht hat, stellt sich Sinnleere und die Sucht nach dem nächsten Kick ein. Jedes Mal glaubt er, die beste Entscheidung getroffen zu haben, hat auch entsprechenden Erfolg, doch schon kurze Zeit später sagt ihm das kleine unsichtbare Teufelchen auf der Schulter, dass es das doch noch nicht gewesen sein kann, dass es wieder mal höchstens die zweitbeste Entscheidung war, mit der man keinesfalls zufrieden sein könne. »Einzig bleibt die Frage / Wann stellt sie sich ein – die Zufriedenheit / Wer weiß da Bescheid?«, heißt es an anderer Stelle im Text, und der Zuhörer weiß natürlich genau, dass der Fragende diese Zufriedenheit niemals erreichen wird.

Das gehört zum Dilemma: Wir wissen eigentlich um diese Umstände, wir sehen das oft genug in unserem Umfeld, geben Freunden und Bekannten entsprechende Tipps, ihr Leben zu ändern. Doch gelingt es uns selbst?

Schneller, höher, weiter –
Nichts ist beständiger als die Unbeständigkeit

Neulich sah ich in einer Tageszeitung einen kleinen Bericht über den Mitarbeiter einer Firma, der ein Geschenk zum Firmenjubiläum bekommen hatte. Was an dieser banalen Meldung vor allem meine Aufmerksamkeit erregte, war eine Zahl. Der Mitarbeiter bekam sein Geschenk nämlich für 50 (!) Jahre Betriebszugehörigkeit. 50 Jahre. Schon Menschen, die heute um die 40 sind, können sich das gar nicht mehr vorstellen. Ein ganzes Berufsleben in derselben Firma, womöglich mit derselben Tätigkeit, tagein, tagaus.

Ob das in dieser extremen Form so erstrebenswert ist, mag manch einer bezweifeln; und Wechsel hat es in Karrieren, je höher sie gingen, auch früher schon gegeben. Heute allerdings gilt der Wechsel per se als erstrebenswertes Ziel im Berufsleben. Jede Station ist eigentlich nur ein Sprungbrett für die nächste. Am ersten Tag im neuen Job muss der Gedanke im Grunde schon den Auswahlmöglichkeiten für danach gelten, neben der Tätigkeit an sich gilt es, Verbindungen zu knüpfen, um schnell weiterzukommen, neue Herausforderungen anzunehmen, Flexibilität zu beweisen.

Eigentlich ist die Schnelllebigkeit unserer Zeit so groß, dass wir schon wieder gelassen werden könnten. Denn wir brauchen ja den neuesten Trend, die neueste Mode gar nicht zu kennen, weil beide morgen ohnehin überholt und veraltet sein werden. Im Grunde reicht es, sich zwischendurch mal in den Strom einzuklinken, das gerade Aktuelle zu registrieren und sich dann wieder in Ruhe anderen Dingen zuzuwenden.

Schön wäre es jedenfalls, wenn es uns gelänge, die Dinge so zu sehen. Denn längst scheinen sie außer Kontrolle geraten. Der Wechsel ist überall, nichts bleibt lange so, wie es gerade noch war. Das bezieht sich nicht nur auf harmlose Moden in Kultur und Gesellschaft, die man notfalls noch ignorieren könnte, sondern es bezieht sich vor allem auf unser tägliches Leben, unseren Alltag.

Ein Treffen mit Thomas-Kantor Georg Christoph Biller

Wenn man nach Beispielen sucht, die Alternativen zu kritischen Tendenzen in der Gesellschaft bieten, ist es immer gut, den Schreibtisch zu verlassen und gute Gespräche zu führen. Eine solche Begegnung gab es für mich Ende 2010 mit Professor Georg Christoph Biller, der als 16. Thomas-Kantor nach Johann Sebastian Bach die Obhut über den Thomaner-Chor in Leipzig hat.

Der ehrwürdige Charme des historischen Hauses im Leipziger Bach-Viertel bot einen würdigen Rahmen für dieses Gespräch, in dessen Verlauf klar wurde, was eine Tradition wie die der Thomaner uns für unsere heutigen Probleme und Aufgabenstellungen in der Gesellschaft zu sagen hat.

Vielleicht muss man auch erst ein so außergewöhnliches Umfeld betrachten, um daraus wieder zu lernen, was uns im gewöhnlichen Alltag fehlt. Professor Biller verwies gleich zu Beginn darauf, dass für den Chor und seine Leitung spezifische Bedingungen gelten. Die Tatsache, dass es nicht selbstverständlich ist, sich mit den schwierigen Kompositionen von Bach auseinanderzusetzen und sie Jugendlichen zuzumuten, kann den Leiter eines Bachchores naturgemäß nicht interessieren. Obwohl die Außenwelt ihn in steigendem Maße mit Unverständnis konfrontiert, muss er sich die Fähigkeit zur Distanz erhalten und genau diese Haltung auch seinen Schülern vermitteln.

Tradition bedeutet hier nicht das Festhalten an verkrusteten Strukturen und überkommenen Ideen, sondern es bedeutet die Erkenntnis, dass es bewahrenswerte Dinge gibt, die nicht besser werden, wenn man an ihnen herumkritisiert und sie zwanghaft verändern möchte. »Wir brauchen uns nicht dauernd neu zu erfinden (...); es geht in der Substanz nach wie vor um dasselbe wie 1212« (dem Jahr der Gründung des Thomanerchors), sagt Biller, und dieser Satz erzeugte in mir einen gewissen Nachhall, denn genau diese Haltung überträgt sich auch auf das Verhalten Billers gegenüber seinen Schülern.

Natürlich ist der Thomanerchor kein von der Welt abgeschlossener Ort. Die Schüler haben genauso die neuesten Handys wie ihre Altersgenossen, sie kennen sich mit dem Internet aus, mit der Jugendkultur ihrer Zeit. Trotzdem erleben sie in der Gemeinschaft des Chores etwas, was viele andere Jugendliche so kaum noch erleben.

Stichworte wie Gemeinschaft, Übung, Leidenschaft, Begleitung stehen für dieses Etwas, das sich im Gespräch mit Georg Christoph Biller gut erspüren ließ. Der Kantor bildet für die Chorknaben, die mit Sicherheit durchaus nicht immer so brav sind, wie das Wort es suggeriert, ein Gegenüber, an dem sie sich orientieren können. Er vermittelt Leidenschaft, führt, wo geführt werden muss, und lockt damit auch nach und nach eine eigenständige Entwicklung der einzelnen Sänger hervor.

Diese immense Leistung kann man jedoch nur erbringen, wenn man die Grenze um sich selbst ganz klar zu ziehen versteht. Biller kann das, er sieht aber auch, wie schwierig das im Allgemeinen geworden ist:

»Die tägliche Arbeit mit den Jungs, die ist aufreibend. Wenn man da jedes kleine bisschen, was die immer so veranstalten, an sich rankommen ließe, würde man das nicht schaffen. Ich habe die Möglichkeit gar nicht, einfach auszusteigen, ich kann nicht nach zwei Jahren sagen, ich höre auf, weil es mir zu viel wird. Ich muss mir da sozusagen einen gewissen Panzer anlegen, sonst schaffe ich es nicht.«

Der »Panzer« um sich selbst mag im ersten Moment etwas abweisend klingen, meint aber genau jene Distanz und innere Ruhe, um die es mir geht. Denn letztlich ist dieser Panzer keineswegs abweisend, sondern ermöglicht erst Nähe. Allerdings eine Nähe, die den Schüler als Gegenüber definiert und seinen Lehrer ebenfalls als Gegenüber erkennen lässt.

Der Thomas-Kantor Biller bezieht diese innere Ruhe aus der Hingabe an die Musik und aus dem Bewusstsein, sich mit der Vermittlung dieser Tradition einer wichtigen Aufgabe zu stellen, die über ihn selbst hinausweisende Bedeutung hat.

Mit solcher Hingabe ist es möglich, sich von den negativen Einflüssen der Außenwelt zumindest teilweise abzukoppeln, auch, wenn im Alltag stets Stressfaktoren vorhanden sind, was ja auch Biller so bestätigt. Stress zu minimieren, wo es geht, ist immer ein lohnenswertes Ziel, niemand aber wird je ohne Stress leben. Also müssen Strategien her, um die Psyche vor sehr großem Stress zu schützen. Von Georg Christoph Biller kann man in dieser Hinsicht sicher eine ganze Menge lernen.

Das Schöne ist: Diese Haltung färbt ab. Unmittelbar nach dem Gespräch fühlte ich allein auf Grund der intensiven Diskussion über das Thema große Ruhe und Zentriertheit in mir. Was nur zeigt: Ruhe erzeugt Ruhe. Wenn die Psyche von außen nicht mit Negativnachrichten beschossen wird, sondern ein ruhiges, unaufgeregtes Umfeld vorfindet, ist sie kaum in Gefahr, mit dem Alltagsstress nicht fertig zu werden.

Das eigentlich Wertvolle ist im Grunde die Intuition (Albert Einstein)

Schon Einstein wusste um den Wert der Intuition für wissenschaftliche Entdeckungen. Noch so angestrengtes Nachdenken und Vertrauen auf Vernunft und Verstand, so war er überzeugt, können immer nur im Nachgang der Intuition ihren Wert haben. Die richtige Richtung des Denkens dagegen steckt im Bauchgefühl.

Folgendes wird aus diesem Zitat klar: Intuition und Reflexion gehören zusammen. Das Fremdwörterbuch bestimmt zwar Intuition als »das unmittelbare, nicht diskursive, nicht auf Reflexion beruhende Erkennen, Erfassen eines Sachverhalts oder eines komplizierten Vorgangs«[13]. Das schließt aber selbstverständlich nicht aus, mit Überlegung an die Dinge heranzugehen. In unserem Zusammenhang ist eher etwas anderes entscheidend. In die richtige Richtung weisende Intuition setzt nämlich voraus, den Kopf frei zu haben. Nicht frei von Wissen und der Fähigkeit, den Verstand zu benutzen, sondern frei von negativen Belastungen, frei vom psychischen Überdruck, wie er in immer stärkerem Maße erzeugt wird.

Wenn der italienische Dichter Petrarca, der einst das Sonett erfand, sagt: »Wenn der Mensch zur Ruhe gekom-

---
13. Das Fremdwörterbuch. Duden Band 5. 4. Auflage. Mannheim: Bibliographisches Institut 1982. S. 357.

Das eigentlich Wertvolle ist im Grunde die Intuition (Albert Einstein)

men ist, dann wirkt er«, ist damit genau dieser Zustand der menschlichen Psyche angesprochen. Zur Ruhe kommen heißt nicht, *nichts* mehr zu tun.

Muße hat, wie wir später sehen werden, nichts mit Müßiggang zu tun. Zur Ruhe kommen heißt aber, eine Basis zu schaffen, von der aus Intuition wieder in die richtige Richtung wirken kann. Goethe, der gerade aus der Langsamkeit des Lebens die Energie schöpfte, ein Werk unvorstellbaren Umfangs zu schaffen, wusste: »Erst Empfindung, dann Gedanken / Erst ins Weite, dann zu Schranken«. Auch hier, genau wie bei Petrarca, kommt die Gewissheit zum Ausdruck, aus der Ruhe heraus produktiv werden zu können, um dann voller geistiger Kraft mit dem Verstand Probleme anzugehen.

Eine Rückkehr zur Intuition heißt somit vor allem eins: die Rückkehr zu uns selbst. Die Gefahr, sich selbst zu verlieren, ist natürlich nicht neu. Es hat sie zu allen Zeiten aus unterschiedlichen Gründen gegeben. So schreibt Fernando Pessoa zu Beginn des 20. Jahrhunderts: »Wir leben zumeist außerhalb unser selbst, und das Leben ist eine fortwährende Ablenkung. Und doch zieht es uns zu uns selbst wie zu einem Mittelpunkt, um den wir gleich Planeten absurde, ferne Ellipsen beschreiben.«[14]

Etwa 100 Jahre, nachdem Pessoa dies schrieb, haben die absurden Ellipsen zugenommen. Immer mehr Menschen le-

---

14. Pessoa, Fernando: Buch der Unruhe.

ben nicht nur zumeist, sondern quasi ständig außerhalb ihrer selbst. Intuition wird in diesem Zustand fast unmöglich, und das Fatale ist, dass dadurch gleichzeitig auch vernünftiges Handeln immer schwieriger wird.

Intuition, wie ich sie hier verstehe, ist kein diffuses Gefühl des »so-könnte-es-gehen«, sondern eine vollkommen abgesicherte Handlungsweise, weil sie aus tiefer innerer Ruhe heraus geschieht und jegliche äußere Beeinflussung dort lässt, wo sie hingehört: außerhalb von mir.

Warum ist Intuition, wie Einstein meinte, so wertvoll? Wer intuitiv zu handeln versteht, wird meist die richtige Richtung einschlagen. Auf dem Weg mag es Verzweigungen geben, Unsicherheit bisweilen, ob man besser hierhin oder dorthin abbiegt, doch gibt es immer eine Möglichkeit, zum graden Weg zurückzufinden.

Wer dagegen die Intuition verloren hat, sieht von Beginn an so viele Möglichkeiten vor sich, wohin er laufen könnte, dass es viel schwieriger ist, überhaupt nur den Mut zu finden, eine bestimmte Richtung einzuschlagen, ganz unabhängig davon, ob sie sich letztlich als die richtige herausstellen wird.

Ich will am Bild von der eigenen Mitte verdeutlichen, was gemeint ist: Menschen, die eine eigene Mitte spüren, haben damit auch einen Punkt, von dem ihre Intuition ausgehen kann. Der Verlust dieser Mitte, wie er mit dem ständigen Katastrophenmodus unserer Psyche einhergeht, sorgt für jene fehlende Wahrnehmung des eigenen Selbst, die verhindert, intuitiv einen Weg einzuschlagen.

Dieses intuitive Finden des Weges ist gerade auch im Verhältnis zu Kindern so wichtig. Aus der Intuition erwächst dem Kind gegenüber die Ruhe, die die kindliche Entwicklung günstig beeinflusst. Aus dieser Intuition heraus verhalte ich mich gegenüber dem Kind altersangemessen. Wenn ich um meine eigene Mitte im Hamsterrad herumkreise, bin ich für das Kind als Gegenüber nicht fassbar; stehe ich unter permanentem Druck, überträgt sich dieser auf das Kind und belastet und überfordert es. Das Kind kann sich damit in entscheidenden Bereichen psychisch nicht entwickeln.

War früher alles besser?

Wer sich die Mühe macht, Entwicklungen aufzuzeigen und zu problematisieren, indem er sie mit früheren Zuständen vergleicht und die Veränderungen beschreibt, muss einen enormen Spagat hinlegen. Weder dürfen frühere Zeiten verklärt werden, noch soll einem blinden Fortschritts- und Zukunftsoptimismus gehuldigt werden. Es gilt zu akzeptieren, dass nicht jeder machbare Fortschritt, gerade auch im technischen Bereich, auch eine soziale Weiterentwicklung bedeutet. Andererseits sind aktuelle Entwicklungen anzuerkennen, und es gilt herauszufinden, wie der Mensch bei aller äußeren Weiterentwicklung innerlich trotzdem konstant bei sich selbst bleiben kann.

Denn innere Ruhe und psychische Ausgeglichenheit

schaffen erst die Fähigkeit, positiv mit modernen Entwicklungen umzugehen. Dazu kann dann durchaus auch gehören, eine Entwicklung einmal nicht mitzumachen, sondern diese rechtzeitig als überfordernd und wenig zielführend zu erkennen.

Diese innere Ruhe scheint heute selbst jenen Menschen abhandengekommen, die von ihrem Umfeld als besonnene Zeitgenossen wahrgenommen und bei Problemen gerne mal um Rat gefragt werden. Menschen wie der Lektor eines Buchverlags in folgendem Beispiel:

Karsten Meier ist Lektor eines mittelständischen Buchverlags. Tagein, tagaus hat er mit vielfältigen Aufgabenstellungen zu tun, unterschiedliche Buchprojekte zu betreuen und mit Autoren zu korrespondieren. Seine Arbeit ist häufig termingebunden. Manuskripte müssen zu bestimmten Terminen satzfertig sein, Gespräche geführt oder der Verlagsleitung berichtet werden.

Im Winter 2009/2010 stapeln sich mal wieder Manuskripte, die in ein paar Tagen fertig sein müssen. Es ist kurz vor dem Wochenende, Karsten Meier muss 20 Kilometer zu seinem Wohnort fahren. In den Medien wird schon seit Tagen über heftige Schneefälle spekuliert, jetzt spitzt sich das Szenario zu: »Daisy« kommt. Was im ersten Moment immer noch an Donald Duck denken lässt, war in diesem Winter die Bezeichnung für eine scheinbar unausweichliche Katastrophe. Schneemassen sollten Deutschland heimsuchen, warnten die

Vorhersagen, im Zusammenspiel mit heftigen Stürmen, die dann noch für Schneeverwehungen sorgen würden. In Folge dieser Meldungen, die wie eine Lawine durch sämtliche On- und Offline-Medien rollten, kam es zu tumultartigen Szenen in Supermärkten, wo Menschen Hamsterkäufe tätigten und sich bevorrateten, als wenn es wochenlang nichts mehr geben würde.

Auch Karsten Meier vernahm die Vorhersagen. Via Internet. Im Radio. In den TV-Nachrichten. Je nach Kommentator war mit mehr oder weniger großen Problemen zu rechnen. Der Weltuntergang konnte nicht mehr weit entfernt sein. Dann schaute er auf den Stapel halbfertiger Arbeit vor sich, und ein ungutes Gefühl beschlich ihn. In ein paar Tagen musste definitiv einiges davon seinen Schreibtisch verlassen haben, sonst würde es zu Verzögerungen bei wichtigen Büchern kommen, die ihm angelastet werden konnten.

Er wusste genau, dass er im Normalfall die anstehenden Arbeiten gut schaffen würde, wenn er am Montag früh direkt wieder ans Werk ginge. Aber galt denn noch der Normalfall? Stand nicht die Katastrophe kurz bevor? Wann würde er überhaupt wieder damit rechnen können, das Büro zu erreichen?

Also tat Karsten Meier das, was er eigentlich nicht tun wollte, weil es nicht notwendig war. Er packte alles zusammen, was er für die Manuskriptarbeit brauchte, und nahm es mit nach Hause. Vielleicht würde er das ja gar nicht brauchen, aber konnte man es wissen? Vielleicht drohten auch tagelanges Eingeschneitsein und kein Zugang zu den wichtigen Unter-

lagen. Sicher ist sicher, dachte Karsten Meier, sonst die Ruhe selbst, und handelte nach der Logik der Katastrophe.

Am Montagmorgen, an dem laut Wettervorhersage mindestens der Weltuntergang drohte, zeigte sich beim Blick nach draußen jahreszeitgemäßes winterliches Wetter, nicht mehr und nicht weniger. Die Straßen waren passierbar, auch die Haustür nicht zugeschneit, und Karsten Meier konnte die Freitag zusammengepackten Unterlagen wieder mit ins Büro nehmen, um sich dort den normalen Arbeitsabläufen zu widmen. Was blieb, war der Ärger, sich von der allgemeinen Verunsicherung angesteckt haben zu lassen.

Was ist hier passiert? Im Angesicht der ultimativ angekündigten Katastrophe gerät Karsten Meiers psychische Ausgeglichenheit ins Wanken. Die Ankündigung starker Schneefälle hätte ihn normalerweise sicher auch aufhorchen lassen, die Frequenz und Dringlichkeit jedoch, mit der multimedial auf die scheinbare Unausweichlichkeit des Schlimmsten hingewiesen wurde, bewirkten in seiner Psyche etwas ganz anderes als sein normales Verstehen und Werten einer Nachricht, nämlich: Die Fähigkeit, Informationen nach ihrer Bedeutung für sich selbst zu selektieren und zu bewerten, war Meier kurzfristig abhandengekommen. Er hatte sich anstecken lassen von einer virtuell erzeugten Katastrophenstimmung, die mit der realen Bedrohungslage relativ wenig gemein hatte.

Ist dieses Beispiel auch ein (durchaus unspektakulärer)

Einzelfall, so zeigt es doch, was uns allen immer häufiger passiert. Wir werden überrollt von einer kaum noch kanalisierten Welle von Informationen, die unserer Psyche vorgaukeln, ständig vor einer großen Gefahr zu stehen und keine Möglichkeit zur Entspannung zu haben.

Nun kann man sich zu Recht fragen, wann der Mensch zuletzt diese innere Ruhe hatte, von der ich hier spreche. Klagen über die Entfremdung des Menschen von sich selbst, über den Verlust einer wie auch immer gearteten Mitte, gehören spätestens seit den Industrialisierungsprozessen Ende des 19. Jahrhunderts zum festen Bestandteil der Gesellschaftsanalysen. Der Philosoph Ernst Mach sprach vom »Verlust des Ich«:

> »Das Ich ist unrettbar. Teils diese Einsicht, teils die Furcht vor derselben, führen zu den absonderlichen pessimistischen und optimistischen, religiösen, asketischen und philosophischen Verkehrtheiten. Der einfachen Wahrheit, welche sich aus der psychologischen Analyse ergibt, wird man sich auf die Dauer nicht verschließen können.«[15]

Die Analyse ist also nicht neu, doch drängt sich heute mehr denn je der Eindruck auf, dass das Ich verloren sei. Es geht

---

15. Mach, Ernst: Antimetaphysische Vorbemerkungen. In: Die Wiener Moderne. Literatur, Kunst und Musik zwischen 1890 und 1910. Hg. v. Gotthart Wunberg. Stuttgart: Reclam 1981. S. 142.

bei der heutigen Lage auch gar nicht darum, zu behaupten, es habe das Phänomen des Ich-Verlustes vorher nie gegeben. Wann immer es im menschlichen Leben zu Krisensituationen und übermäßigen Beanspruchungen kommt, ist die Gefahr, dass das Ich in den Hintergrund treten muss, latent vorhanden. Das können sowohl übergeordnete, alle Menschen betreffende Krisen wie Kriege oder Naturkatastrophen sein als auch persönliche Krisen wie Arbeitsplatzverlust, Tod eines nahestehenden Menschen, Krankheit und ähnlich existenziell bedrohliche Dinge.

Darum jedoch geht es hier nicht. Ich stelle fest, dass sich die Psyche wie in einem Dauerzustand eines Katastrophenmodus befindet, der nicht rational begründbar ist und sowohl junge als auch alte Menschen betrifft.

Zur Verdeutlichung will ich zwei typische Alltagssituationen eines ganz gewöhnlichen deutschen Arbeitnehmers umreißen und zuspitzen. Der Unterschied: Einmal befinden wir uns in den 80er-Jahren des 20. Jahrhunderts und einmal im Jahr 2010.

Nennen wir den 80er-Jahre-Arbeitnehmer Uwe. Uwe arbeitet als Büroangestellter in Vollzeit. Er hat also eine 40-Stunden-Woche, ist im Büro nicht mit Führungsaufgaben befasst, sondern als Sachbearbeiter für einen bestimmten, klar umrissenen Aufgabenbereich zuständig.

Wenn Uwe kommunizieren muss, greift er bisweilen zum Telefonhörer, um einen Sachverhalt direkt und schnell abzu-

klären bzw. eine Information schnell zu erhalten. Geht es um eine ausführlichere Sache oder um die schriftliche Dokumentation eines Vorgangs, schreibt Uwe einen Brief, der zumeist auf dem Postwege, ab und zu vielleicht auch als Fax verschickt wird. Nach dem Absenden des Briefes geht Uwe in Ruhe zurück an die Arbeit, denn er weiß, dass mit einer Reaktion des Adressaten in der Regel nicht vor morgen oder übermorgen zu rechnen ist.

Wenn Uwe sich mit seinen Kollegen im Büro austauschen möchte, geht er zu ihnen ins Büro oder ruft sie ebenfalls an. Sein Arbeitsumfang ist in der Regel so bemessen, dass er die wichtigen Dinge in der normalen Arbeitszeit schafft. Überstunden kommen vor, sind aber nicht die Regel.

Freitags freut Uwe sich aufs Wochenende. Er wird Zeit haben, mit der Familie etwas zu unternehmen, Samstagabend schaut er die Sportschau, wie immer, ohne nachmittags bereits das Radio angeschaltet zu haben, denn er möchte die Ergebnisse der Fußballspiele vorher nicht wissen. Und wenn Oma Zeit hat, auf die Kinder aufzupassen, könnte er vielleicht sogar am Abend noch mit seiner Frau ins Kino gehen.

Für Kino und ähnliche Aktivitäten ist Uwe während der Woche oft zu müde, die Arbeit ist schließlich anstrengend. Dafür legt er dann, wenn die Kinder im Bett sind, die Beine hoch, ruht sich aus, mal vor dem Fernseher, mal mit einem Buch. Der Stress des Tages fällt ab, auftanken für den kommenden Tag ist angesagt.

Im Großen und Ganzen dürfen wir uns diesen 80er-Jahre-

Uwe als einen glücklichen Menschen vorstellen, der eine recht brauchbare »life-work-balance« besitzt, auch, wenn er dieses Wort noch gar nicht kennen kann.

Im Jahre 2010 hat sich Uwes Alltag maßgeblich geändert. Offiziell hat er immer noch eine 40-Stunden-Woche. Besser gesagt: Er hat sie mittlerweile wieder, nachdem zwischenzeitlich die Wochenarbeitszeit auf 35 Stunden reduziert worden war, dann jedoch wieder erhöht wurde. Diese Regelarbeitszeit ist aber im Grunde kaum noch interessant, denn unter fünf Überstunden pro Woche geht es jetzt bei Uwe selten ab. Das Personal wurde reduziert, der Druck von oben erhöht, allein das sorgt schon dafür, dass sich Uwes Arbeitsatmosphäre nicht unbedingt verbessert hat.

Druck heißt auch: Aufgaben müssen möglichst schnell erledigt werden. Einen Postbrief verschickt Uwe nur noch selten, er telefoniert wesentlich häufiger als früher, und vor allem verschickt er jeden Tag unzählige eMails, genauso, wie in seinem elektronischen Postfach täglich eine große Zahl von Mails eintrifft. Wenn Uwe eine Mail verschickt hat, beginnt sofort das Warten auf Antwort. Der Empfänger müsste doch gleich reagieren, der Sachverhalt ist doch wichtig, denkt Uwe oft, und das Warten auf die Antwort trägt nicht gerade dazu bei, sich auf die nächsten Aufgaben zu konzentrieren.

Manchmal hat Uwe keine Gelegenheit, seinen Posteingang zu kontrollieren. Dann sitzt er in einer Besprechung mit seinem Chef, dem Abteilungsleiter und weiteren Kollegen. Die Frequenz dieser Sitzungen hat sich in den letzten Jahren stark erhöht, alle stehen unter spürbarem Druck und müssen beweisen, dass sie und ihre Aufgaben wichtig genug sind.

Diese Sitzungen sind oft der einzige persönliche Kontakt, den Uwe zu bestimmten Kollegen hat. Ansonsten kommunizieren sie per Mail miteinander, auch wenn die Büros nur einige Schritte auseinanderliegen. Wenn ihn der Kollege zwei Schreibtische weiter vormittags per Mail fragt, ob sie zusammen in die Kantine zum Mittagessen gehen sollten, wundert er sich schon lange nicht mehr darüber, warum diese Frage nicht mündlich erfolgt.

Uwe freut sich am Freitag noch immer auf das Wochenende. Ganz so viel Zeit, um mit der Familie etwas zu unternehmen, hat er allerdings nicht mehr. Seit er von zu Hause aus Zugang zu seinem Mail-Account in der Firma hat, schaut er doch regelmäßig nach, ob dort nicht etwas Dringendes angekommen ist.

Ins Kino gehen sie auch noch ab und zu. Es ist allerdings nicht mehr so einfach, sich auf einen Film zu einigen, seit seine Frau im Vorfeld grundsätzlich sämtliche Filmkritiken im Internet sucht und liest. Die Vielzahl der dort abgegebenen Meinungen trägt selten dazu bei, sich unvoreingenommen auf den Film freuen und sich damit beschäftigen zu können.

Und unter der Woche? Der Fernseher, das Buch, das Sofa? Beine hochlegen? Der Wunsch ist da, die Ruhe dazu nur selten. Mal ruft das Fitness-Studio, dann müssen noch ein paar Akten fürs Büro erledigt werden, und wenn all das nicht der Fall sein sollte, bleibt immer das ungute Gefühl, sich gerade *unerlaubter Faulheit hinzugeben und dafür irgendwann irgendeine Konsequenz tragen zu müssen. Mit Auftanken ist da meist nicht viel, Uwe läuft und läuft und läuft – mit dem Unterschied zu dem Auto, für das dieser Spruch erfunden wurde, dass er immer noch ein Mensch aus Fleisch, Blut und Psyche ist und eben keine Maschine.*

Die Beschreibungen unserer Beispielperson zu unterschiedlichen Zeiten und Arbeitswelten sind idealtypisch, um den Unterschied deutlich herauszustellen. Wenn das eine oder andere für Sie nicht so sehr zutrifft, freuen Sie sich; wenn Sie alles noch viel schlimmer erleben, haben Sie bereits eine Ahnung davon, wohin all dies in letzter Konsequenz führen kann.

Der Uwe der 1980er-Jahre hatte vielleicht das eine oder andere persönliche Problem, von dem wir nichts wissen und das uns hier auch nicht interessiert. Was er jedoch nicht hatte, und da unterscheidet er sich von seinem modernen Pendant, ist der »Terror der Möglichkeiten«[16] und die Dauerverbindung zu allen Außenposten seines Lebens, sei es der Abteilungsleiter, seien es »Freunde« in sozialen Netzwerken im Internet oder Ähnliches.

Wie soll der Uwe der Neuzeit noch seine Mitte finden, ganz bei sich selbst sein, wenn die Ränder seiner Persönlich-

---

16. Moreno, Juan: Ich lösche mein Postfach für Dich. In: SPIEGEL 45/2010, S. 81.

keit immer weiter zerfasern, die positive Abgrenzung zur Außenwelt immer schwieriger und unschärfer wird? Unser Uwe ist mit diesem Problem ja nicht allein, er steht stellvertretend für eine stetig steigende Zahl von Menschen, die selbstverloren durch ihren Alltag wandeln, scheinbar perfekt alle Anforderungen von außen bedienen und dann in den wenigen Momenten der Ruhe feststellen müssen, dass sie mit sich selbst nichts mehr anzufangen wissen.

Der Uwe des Jahres 2010 erlebt jenes Gefühl der Überforderung, das den Nährboden für das Umschalten der Psyche auf Katastrophe und damit den Einstieg ins Hamsterrad bedeutet. Es geht nicht unbedingt darum, dass Uwe mit einzelnen Anforderungen nicht klarkommen könnte, aber er ist dabei, die Möglichkeit zu verpassen, seine Situation zu reflektieren und auf das Überforderungsgefühl zu reagieren. Wenn er über seinen Alltag und den damit verbundenen Stress nachdenkt, kommt er zu dem Ergebnis, sich selbst in eine problematische Lebenssituation manövriert zu haben. Entsprechend fallen seine Reaktionsmuster aus, und es ist ihm quasi unmöglich, wirklich dauerhaft den Stresszustand zu ändern.

Das ginge erst, wenn er zu der Erkenntnis gelangen würde, dass es weniger seine persönliche Situation ist, die ihn in die Erschöpfung treibt, sondern es sich um ein übergeordnetes Massenphänomen handelt, dem aber auf der individuellen Ebene begegnet werden kann und muss.

Wir halten uns selbst nicht mehr aus!

Überlegen Sie doch mal, wann Sie das letzte Mal daheim gesessen haben und *nichts* gemacht haben. Ja, Sie haben richtig gelesen: *nichts!* Gar nicht so einfach, oder? Macht man *nichts*, wenn man eigentlich gerade nichts zu tun hat und die »Gelegenheit« nutzt, um mit dem internetfähigen Handy eMails zu checken? Macht man *nichts*, wenn man in der gleichen Situation zwanghaft anfängt zu überlegen, mit wem man sich wozu verabreden könnte? Theater, Sport, Museum, Party, bloß raus aus der Bude?

Sie merken schon: Nichts ist schwieriger, als *nichts* zu tun. Man kennt das Phänomen, wenn jemand seine Arbeit verloren hat und plötzlich die sonst mit Arbeit gefüllte Zeit zur Verfügung hat. Ähnlich zu beobachten bei älteren Menschen, die nach einem langen Arbeitsleben Rentner und Pensionäre werden. Man hat schon von Fällen gehört, wo in dieser Zeit die ersten ernsthaften Ehekrisen auftreten, weil beide »plötzlich« viel Zeit haben. Jüngere Ehepaare kennen dieses Phänomen bisweilen auch aus Urlauben, die ja eigentlich der Entspannung dienen sollten.[17]

Ein Alltagsbeispiel ist auch das junge Paar, das mir von dem Paradox eines »freien Wochenendes« erzählte.

---

17. Erhebungen zufolge streiten etwa zwei Drittel aller Paare im Urlaub heftiger als sonst, und für ein Drittel aller Ehen ist der Streit im Urlaub der letzte Auslöser für eine Scheidung.

Beide sind berufstätig, haben Kinder, Freunde gibt es auch, der Terminkalender ist gewöhnlich bis zum Platzen gefüllt, freie Stellen gibt es kaum. Auch die Wochenenden bieten meist keine echte Entspannung, sondern sind stringent durchgeplant. Das ist so zur Gewohnheit geworden, dass sich kürzlich eine eigentlich absurde Situation abspielte, die aber für die in diesem Buch beschriebenen Zusammenhänge als charakteristisch gelten kann.

Beide saßen zusammen am Frühstückstisch, es war ein Freitagmorgen. Gelegenheit, um die Wochenendplanung durchzusprechen. Da der Mann in diesem Fall den Kalender führt, kommt fast automatisch von seiner Frau die Frage, was denn am Wochenende so anstehe. Ihr fehle mal wieder der Überblick. An diesem Morgen fiel die Antwort anders aus als sonst. Er sagte nämlich wahrheitsgemäß: »Nichts, es steht nichts an. Wir haben das Wochenende zur freien Verfügung und können ausspannen.« Man sollte erwarten, dass die Gattin sich über diese seltene Gelegenheit freut und frohen Mutes den kommenden Tagen entgegenblickt. Das Gegenteil war der Fall.

Zunächst ein ungläubiger Blick. Dann ein zarter Versuch: »Du willst mich veräppeln. Sag schon, was ansteht, ich hab's im Moment nicht im Blick.« Woraufhin er beteuerte, das sei schon ernst gemeint gewesen, sie hätten tatsächlich mal ein freies Wochenende. Als ihr langsam klar wurde, dass ihr Mann nicht scherzte, wurde sie unruhig. »Und was machen wir?«, kam etwas unsicher. Dann: »Wir müssen doch irgendwas machen.« Schließlich fing sie fast panisch an, Pläne zu schmieden, wie die freie Zeit ausgefüllt werden konnte. Womit in diesem Moment auch die ansatzweise vorhandene Entspannung ihres Mannes gleich wieder über den Haufen geworfen worden war. »Als ich ihr ins Gesicht schaute«, erzählt mir ihr Mann später, »sah ich vor allem Anzeichen von Unruhe. Die Stirn gerunzelt, die Augen unruhig. Sie konnte sich einfach nicht vorstellen, die freien Tage auf sich zukommen zu lassen und nicht von vornherein durchzuorganisieren. Und ich fühlte mich bald davon angesteckt.«

Die beiden sind keine Ausnahme. Obwohl sie das Gefühl der Überforderung gut kennen und es sie bisweilen quält, sind sie – wie von einer unsichtbaren Kraft getrieben – stets bestrebt, keinen Leerlauf aufkommen zu lassen, Zeit zu füllen, anstatt freie Zeit zuzulassen. Der moderne Begriff vom Freizeitstress ist ja schon ein Paradox für sich. Freie Zeit sollte sich eigentlich gerade durch die Abwesenheit von Stress definieren und Phasen beinhalten, in denen der Mensch sich eben nicht durch seine Außenwelt definiert und auf diese reagiert, sondern sich selbst genügt.

Solchen Situationen ist eins gemeinsam: Der Mensch ist auf sich geworfen, es fehlt die übliche Ablenkung, der ständige Input von außen. Uns ist langweilig, und das löst Unbehagen aus. Langeweile ist heute ein fast verbotenes Gefühl, es bedeutet Unproduktivität, fehlende Arbeitsauslastung, Faulheit. Es will uns nicht mehr gelingen, den Begriff der Langeweile durch ein anderslautendes Wort zu ersetzen, das eigentlich einen ähnlichen Gemütszustand beschreibt: die Muße.

Indem wir den Zustand der Langeweile zu vermeiden suchen, verhindern wir, dass wir Muße finden. Dabei wäre Muße die Chance, die eigene Mitte wieder zu finden und den negativen Strömungen des Alltags etwas entgegenzusetzen. Muße zu finden und genießen zu können würde bedeuten, sich selbst wieder auszuhalten, mit sich eins zu sein und seine Position in der Welt verorten zu können.

Die meisten Menschen können das heute nicht mehr. Wenn der äußere Reiz fehlt, drohen Langeweile und Beschäftigung mit uns selbst, Dinge, die wir nicht aushalten. Doch was wir dabei nicht aushalten, das sind letztlich eben gerade wir selbst. Wir halten uns selbst nicht mehr aus, ein Zustand, der für den Menschen des 21. Jahrhunderts fast zum Grundgefühl der eigenen Befindlichkeit geworden ist.

Damit findet eine innere Entmächtigung statt: Wenn wir uns selbst nicht mehr aushalten, sind wir auch nicht mehr unser eigener Herr. Unbewusst suchen wir nach der dauernden Fremdbestimmung. Auf diese Weise jedoch kommen wir nicht mehr mit der Außenwelt klar, weil wir das Heft des Handelns nicht mehr in der Hand haben.

Wir sind außer uns – statt in uns selbst zu ruhen

Sprache ist verräterisch. Ausdrücke und Redewendungen, die wir manchmal jeden Tag benutzen, ohne groß über sie nachzudenken, sagen manchmal eine ganze Menge über uns aus.

Wenn Menschen in große Wut geraten, Dinge tun, die sie von ihrer Persönlichkeitsstruktur her eigentlich nie tun würden und die ihnen kurze Zeit später sehr leidtun, heißt es in den Versuchen einer Begründung häufig, sie seien »außer sich« gewesen. Wenn jemand Fehler macht, die für ihn komplett ungewöhnlich sind, etwa, weil er sehr müde ist, sagt man als Entschuldigung gerne: »Er stand total neben sich.«

Ohne dass wir es im Alltag merken würden, liefert die Sprache uns mit diesen häufig verwendeten Ausdrücken eine Art Beweis für das in diesem Buch Gesagte. Wer »außer sich« ist, wer »neben sich steht«, kann nicht gleichzeitig in sich ruhen und seine Mitte spüren.

»Außer sich sein« und »neben sich stehen« sind aber zwei sehr negativ konnotierte Redewendungen. Wir benutzen sie im Zusammenhang mit fehlerhaftem Verhalten, oft sogar mit sehr schlimmen Verfehlungen bis hin zu Straftaten. Sie beschreiben, dass wir in den Momenten, in denen es uns so geht, nicht mehr Herr unserer Gedanken sind, nicht mehr logisch nachvollziehbar handeln und Recht nicht mehr von Unrecht unterscheiden können.

Sie dienen folglich also auch als eine sprechende Umschreibung von Stress, als ein Bild, das wir uns von uns selbst machen, um uns zu entlasten, wenn wir aus einer geheimnisvollen Getriebenheit heraus Fehler gemacht haben. Wir benutzen solche Ausdrücke, weil wir uns dann selbst besser vorstellen können (und damit eine Entschuldigung haben), warum wir einen Fehler gemacht haben.

Richtig machen können wir die Dinge nur, wenn wir »wir selbst« sind, das erscheint uns logisch. Wer außer sich ist und neben sich steht, ist nicht er selbst; das bedeutet in der Konsequenz nicht nur, dass Fehler möglich sind, sondern sogar, dass sie eigentlich ein anderer begangen hat, nämlich unser Alter Ego, das im Moment der Tat neben uns stand und außerhalb unseres Selbst agierte, wir werden gewissermaßen zu Dr. Jekyll and Mr. Hyde.

Nun geht es hier natürlich nicht um das Thema Straftaten, aber die Zahl der Entscheidungen, die wir im Nachhinein für falsch oder zumindest problematisch halten, steigt doch bei vielen von uns an, weil wir sie unter hohem Druck und Stress getroffen haben.

Das Gegenteil von »außer sich sein« und »neben sich stehen« ist offensichtlich. Wer ausdrücken möchte, dass er sich eben nicht überfordert und getrieben fühlt, hat dafür eine ganze Menge Begriffe zur Verfügung: Er »ist mit sich selbst eins«, er »ruht in sich selbst«, er »fühlt seine Mitte«, er ist »ganz bei sich«, er steht »mit sich und der Welt in Einklang«. Ihnen fallen vermutlich weitere Wendungen ein, die allesamt den gleichen Umstand bezeichnen.

Jeder von uns könnte sofort sagen, welchen der beiden Zustände er für erstrebenswert hält. Und niemand würde behaupten, er stünde gerne neben sich, jeder wäre am liebsten allzeit mit sich und der Welt im Einklang. Trotzdem gibt es diese Phasen, in denen wir ein anderer zu sein scheinen, der uns durch den Alltag treibt, ohne uns Ruhe zu gönnen, und der dafür sorgt, dass wir Dinge tun, die wir bei Licht besehen gar nicht unbedingt hätten tun wollen. Und diese Phasen mehren sich.

Bislang fehlte eine schlüssige Erklärung dafür, warum wir bisweilen so janusköpfig handeln, warum wir ein Verhalten zeigen, das nicht zu uns zu gehören scheint. Stress an sich ist ja keine Erklärung, keine Ursache, sondern seinerseits nur ein Symptom. Zu sagen, wir hätten Fehler begangen, weil wir Stress hatten, hilft uns nicht weiter. Und auch die vordergründige Erkenntnis, dass Stress durch eine Überforderung ausgelöst worden ist, drückt eben nur die halbe Wahrheit aus.

Die andere Hälfte erklärt, warum wir mit Stress eigentlich fertig werden können, uns diese Fähigkeit aber heute weitgehend abhandengekommen zu sein scheint. Dabei hilft es, sich die tiefere Bedeutung der Wörter klarzumachen. Mit dem Stress umgehen kann derjenige, der »in sich selbst ruht« und »mit sich im Reinen« ist. Nur dann ist der Stress außen vor, und das Handling klappt. Wer dagegen »außer sich« ist, verschmilzt mit dem Stress, lässt sich von ihm vor sich her treiben und braucht ihn schließlich, um die Psyche im Gleichgewicht zu halten.

Die Frage nach der inneren Ruhe bedeutet also nicht einfach nur die Überlegung, ob man mal einen freien Tag nehmen könnte, sondern sie ist von existenzieller Bedeutung für unser Leben als soziales Wesen. Nur wenn ich bei mir selbst bin, kann ich mich unter anderen frei und selbstbestimmt bewegen; wenn ich neben mir stehe, stehe ich damit auch oft genug jemandem im Weg.

Überlegen Sie mal, wann Sie zuletzt alleine einen längeren Wald- oder auch Strandspaziergang gemacht haben. Erst letzte Woche, und es war angenehm und entspannend? Wenn das so ist, dürften Sie zur Minderheit gehören, die sich ein Gefühl dafür bewahrt hat, wie wunderbar das sein kann. Die Tendenz ist eine andere, und ich habe diesen Effekt häufiger selbst miterlebt. Der klassische Waldspaziergang löst bei immer mehr Menschen Beklemmungen aus. Sie halten es kaum aus, alleine in der Stille, ohne Möglichkeit, das Hamsterrad in Bewegung zu halten. Sie merken, dass da in diesem einen Moment nichts ist außer ihnen selbst, dass sie mit sich klarkommen müssen. Und in diesem Moment kann das, was eigentlich das entspannende und schöne Erlebnis an so einem Spaziergang sein sollte, zum Horror werden. Der Mensch, der sich in dieser Situation befindet, merkt, dass er sich selbst nicht mehr aushält, er spürt regelrecht, was dieser Satz bedeutet. Daher meidet er tendenziell alle Entspannungssituationen, so paradox das im ersten Moment auch klingen mag. Das Beispiel des Paares mit dem freien Wochenende zeigt jedoch, wie das ganz praktisch in vielen Familien bereits abläuft.

Natürlich wird diese Erfahrung bei den meisten Menschen nicht so intensiv sein, dass wir von »Horror« sprechen müssten, wie ich das gerade getan habe. Aber in Ansätzen merken sehr viele heute den beschriebenen Effekt, dass in Phasen, in denen alles bereitet ist, damit Ruhe einkehren kann, das genaue Gegenteil eintritt: Innere Unruhe entsteht, das Gefühl, weitermachen zu müssen, wie von einer unsichtbaren Kraft gesteuert, die zunehmend an Macht über uns gewinnt.

Das Internet, das ja mittlerweile für jede Lebenssituation etwas bereithält, enttäuscht uns auch hier nicht. Klicken Sie mal auf die Seite *www.donothingfortwominutes.com* und folgen Sie der Anweisung, die dort steht: nur zwei Minuten lang weder Maus noch Keyboard anzurühren. Sie werden merken: gar nicht so einfach. Da ist zum einen der Reiz, doch sofort mit dem Computer weiterzuarbeiten, zum anderen der Drang, zumindest sofort etwas ganz anderes zu machen. Einfach nur dazusitzen, die zwei Minuten abzuwarten und dann in Ruhe wieder die Hände an die Arbeitsgeräte zu nehmen, fällt uns furchtbar schwer.

Was man in diesem Moment merkt, ist einerseits, wie sehr wir uns bereits vom Computer bestimmen lassen, andererseits, dass es nicht von der zeitlichen Dauer abhängt, ob wir das Nichtstun aushalten, sondern dass dies generell für uns problematisch ist. Unsere Psyche sucht stets nach Beschäftigung, jede Ablenkung ist da willkommen, weil sie das Hamsterrad am Laufen hält. Es geht gar nicht darum, betätigungslos vor dem Computer sitzen zu können. Den gleichen Effekt kann man auch erzielen, wenn man Menschen sagt, sie könnten sich jetzt fünf Minuten ans offene Fenster stellen und Pause machen, nichts tun. Sehr vielen Leuten wird das enorm schwerfallen, ohne dass sie das als problematisch deuten. Heute wird in solchen Pausen zumeist das Handy gezückt, wobei das in vielen Fällen sicher nicht absolut notwendig ist (etwa für einen dringenden Anruf). Es dient zumeist nur der Ablenkung, und dahinter steckt das Verlangen der Psyche nach Dauerbeschäftigung.

Aber es ginge in die falsche Richtung, den Computer bzw. das Internet zu verteufeln. Denn diese Technik hat ja unbestreitbar positive Effekte. Der entscheidende Punkt ist vielmehr: Ich kann mit dem Computer nur dann klarkommen, wenn ich ihn bestimme und nicht er mich. Der Mensch im Hamsterrad jedoch lässt sich unbewusst zunehmend von außen bestimmen, egal, ob vom Computer oder von anderen Dingen. Jede Ablenkung ist willkommen, weil sie dem Hamsterrad neuen Schwung gibt. Auf diese Weise ist es dann auch nicht mehr so schlimm (weil es gar nicht bemerkt wird), dass die Arbeitserleichterung und Zeitersparnis durch die Maschine häufig nur eine gefühlte ist. Der Literaturagent Thomas Montasser hat das in seinem launigen Buch so auf den Punkt gebracht:

»(Es) ist mir auch aufgefallen, dass alles immer schneller und schneller gehen muss! Kurioserweise verbringen wir trotzdem immer mehr Zeit am Computer, um irgendetwas zu installieren, deinstallieren, synchronisieren, posten, updaten, downloaden oder sonstwie zu organisieren. Denn die Computerindustrie hat es geschafft, uns ein System zu implantieren, das immer neue Bedingungen stellt: Hast du dieses, brauchst du jenes, willst du dies, brauchst du erst einmal das.«[18]

Es kann nicht schaden, sich beim Installieren und Updaten ab und zu mal zu fragen, ob wirklich in diesem Moment der User aus freien Stücken den Computer dazu bringt, diese Funktion auszufüllen, oder ob nicht vielmehr der Computer den User auf scheinbar geheimnisvolle Weise dazu »zwingt«, diesen Vorgang just in diesem Moment auszuführen. Das ist natürlich Gedankenspielerei und nicht allzu ernst gemeint. Aber all solche kleinen Dinge zeigen im Alltag, wie sehr wir bereits unter Überdruck stehen. Vereinfacht gesagt: Wer in sich ruht, wird die Aufforderung des Computers, ein Update zu machen, auf einen Zeitpunkt legen, an dem das zeitlich passt. Wer im Hamsterrad ist, »muss« ja jetzt das Update machen (über eine Verschiebung wird nicht nachgedacht), es ist nicht seine Aufgabe, über den Zeitpunkt zu entscheiden; der Rechner sagt ihm, was seine Aufgabe jetzt ist.

Versuchen Sie einmal bewusst darauf zu achten, was pas-

---

18. Montasser, Thomas: Weil die Erde keine Google ist. Lob des analogen Lebens. München: Heyne 2010. S. 204.

siert, wenn Sie Ihren Computer hochfahren – und nach dem Start zeigt das Gerät Ihnen an, dass Sie zunächst mal ein Update machen sollten. Sie wissen ja nicht, wie lange dieser Vorgang in Anspruch nehmen wird, Sie wissen auch nicht, ob alles ordnungsgemäß klappt und der Computer hinterher noch für die ursprünglich geplanten Aufgaben so zur Verfügung steht, wie Sie es brauchen (immer davon ausgehend natürlich, dass Sie »Normaluser« sind und kein Software-Entwickler o. Ä.). Was machen Sie? Die Aufforderung ignorieren und mit dem eigentlichen Vorhaben beginnen? Oder das Update durchziehen, obwohl Ihnen schon das Erscheinen der Meldung auf dem Bildschirm Stress verursacht? Und obwohl Sie ahnen, dass Sie unter Umständen damit bei der Erledigung Ihrer Arbeit in Schwierigkeiten kommen? Viele von uns werden sich vielleicht durchaus in dieser Konstellation wiedererkennen.

Das folgende Beispiel eines Mitarbeiters in der Marketingabteilung zeigt, wie Berufs- und Privatleben nicht mehr voneinander abgegrenzt werden, um Stress im Beruf in der privaten Zeit abfedern zu können.

Julian Peters ist 28 und der Typ Mitarbeiter, über den sich Chefs freuen. Er mag seinen Job, nimmt seine Aufgabe ernst und ist immer bemüht, neue Ideen zu entwickeln, um den Erfolg des Unternehmens zu befördern. Dabei nimmt er selten Rücksicht auf die üblichen Arbeitszeiten, sondern stellt die Erledigung seiner Aufgaben in den Vordergrund.

Er ist mit diesem Job ziemlich gut ausgelastet; dieser frisst auch persönliche Ressourcen, da die Arbeit im Marketing eigentlich nie endet. Irgendjemand hat immer noch eine Frage, irgendein Event muss immer noch vorbereitet, irgendeine Kampagne ersonnen werden, und die Entwicklungsabteilung hat auch schon wieder neue Produkte auf die Bahn geschoben, mit denen man sich auseinandersetzen muss, um sie optimal vermarkten zu können.

Privat hat Julian Peters in der Stadt seines Arbeitgebers mit seiner Lebenspartnerin eine nette Doppelhaushälfte gefunden, für die er sich jedoch einige Änderungen vorstellt. Außerdem ist er ein Familienmensch, er will auch seine Eltern nicht vernachlässigen, hilft, wo er kann, und ist immer für sie da.

Arbeit bis über beide Ohren also. Wenn er daheim ist, stellt er Überlegungen an, welche Stelle als Nächstes renoviert werden kann, dazu kommen häufige Fahrten in die Heimatstadt zu den Eltern. Und wenn freie Zeit ist, findet sich immer noch ein Termin, der sinnvoll erscheint, um nicht das Gefühl zu bekommen, Zeit zu verschwenden und untätig rumzusitzen. Julian Peters befindet sich im Hamsterrad schlechthin.

Julian Peters landet schließlich im Schlaflabor. Er schläft nämlich kaum noch, fühlt sich unausgeruht, überfordert. Seine Hoffnung ist, eine Möglichkeit zu finden, mit den Schlafschwierigkeiten klarzukommen. Natürlich, ohne Abstriche bei seiner Lebensplanung zu machen. Ein möglicher Zusammenhang zwischen dem dauernd hochgedrehten Zustand in Job und Privatleben und der Schlafproblematik kommt ihm gar nicht in den Sinn. Er setzt vielmehr auf Therapie und Symptombehandlung, um alles in den Griff zu bekommen.

Neben vielen anderen Ursachen, die es dafür selbstverständlich auch gibt, haben solche Schlafprobleme mit dem hier behandelten Phänomen zu tun. Schlaf ist ja eine Erholungs- und Ruhephase, und dass der Mensch im Schlaf, in den Träumen durchaus auch die Ereignisse des Tages verarbeitet, ist bekannt. Wenn unsere Psyche nun tatsächlich in einem Zustand ist, als wenn der Mensch sich im Angesicht einer Katastrophe befinde, ist es auch kein Wunder, wenn Schlaf nicht mehr die Erholungsfunktion hat, die er haben sollte. Denn in der Katastrophe findet der Mensch keinen Schlaf, weil ja ständig wieder etwas Schlimmes passieren könnte. Die Psyche bleibt »on«, der Mensch bleibt innerlich rotierend und schafft es nicht, Kraft und Energie für den nächsten Tag zu sammeln: »Das Gefühl, nicht genug getan zu haben, nicht alle Mails beantwortet, nicht alle Freunde zufriedengestellt zu haben, befällt uns häufig und trägt zur inneren Unruhe bei. In der modernen Welt gibt es immer genügend Unerledigtes, das uns um den Schlaf bringen kann.«[19] Es wäre sicherlich hoch interessant, anhand von Studien herauszufinden, ob es in den letzten zehn bis 15 Jahren eine signifikante Zunahme an Schlafstörungen

---

19. Ernst, Heiko: Anwesende Abwesenheit. Eine Bestandsaufnahme unserer Lebensweise. In: Psychologie Heute compact 27/2011. S. 11.

gegeben hat und wie die Erklärungsansätze für ein solches Phänomen aussehen könnten.

Die Frequenz ist entscheidend

Ist die Psyche des modernen Menschen weniger gut gerüstet für den Umgang mit Negativ-Nachrichten? Halten wir weniger aus als unsere Vorfahren?

Solche Fragen führen zu falschen Antworten, denn die heutige Situation ist eine grundsätzlich andere geworden. Die Psyche des Menschen hat einen entscheidenden Nachteil: Man kann sie nicht sehen. Wenn ich jemandem vors Schienbein trete, sind die Auswirkungen schnell nachvollziehbar. Ein Bluterguss bildet sich, sollte der Tritt stärker gewesen sein, bricht vielleicht sogar der Knochen. In jedem Fall äußert sich die Folge der äußeren Einwirkung visuell erkennbar. Sie lässt sich nicht wegdiskutieren, und es ist für jeden einzusehen, dass eine Gegenreaktion erfolgen muss.

Äußere Einwirkungen auf die Psyche gibt es jeden Tag, ihre Folgen bleiben für uns jedoch zunächst einmal im Verborgenen. Die Psychiatrie versucht, sie mittelbar zu erschließen, bleibt dabei jedoch weit stärker auf Hypothesen angewiesen, als wenn es sich um physische Leiden wie das erwähnte kaputte Bein handelt.

Möglich ist es jedoch, Zusammenhänge herzustellen, Zusammenhänge zwischen wiederkehrenden Einflüssen auf die

Die Frequenz ist entscheidend

Psyche und erkennbaren Auswirkungen. Nichts anderes mache ich hier, wenn ich den Einfluss von Negativnachrichten auf unsere psychische Konstitution untersuche.

Eine einzelne negative Nachricht hat heute eine Vielzahl von Verbreitungskanälen. Unterschiedlichste mediale Wege sind vorhanden, um die gleiche Nachricht immer und immer wieder an den Mann und die Frau zu bringen. Die Vielzahl der Kanäle sorgt dabei auch für deren Konkurrenzverhältnis untereinander. Wenn also eine Zeitung die anderen ausstechen möchte, ein TV-Sender mehr Wirkung (sprich: Quote) erzielen möchte als die anderen, dann gilt es, die Wirkung der einzelnen Nachricht noch zu verstärken. Das gelingt immer dann am besten, wenn der Sender eine Möglichkeit findet, beim Empfänger Panik zu schüren.

Panik muss man dabei an dieser Stelle ganz klar von Angst unterscheiden. Angst (oder: Furcht) ist grundsätzlich auf eine ganz bestimmte Sache gerichtet. Man hat beispielsweise Angst vor einem Hund, davor, etwas Bestimmtes zu tun, oder davor, dass etwas ganz Konkretes passiert. Gegen diese Angst kann man etwas tun, die Situation zumindest zum Teil noch steuern. Bezogen auf den Hund könnte man etwa die Straßenseite wechseln, um einer möglichen Konfrontation auszuweichen. Egal, worum es konkret geht, Angst ist gekennzeichnet dadurch, dass es einen für die Angst verantwortlichen Punkt gibt, der die Psyche erschüttert und an dem man ansetzen kann, um eine Lösung zu finden.

Anders ist es, wenn wir von Panik sprechen. Panik ist ungerichtet, unbestimmt. Sie erzeugt ein diffuses Gefühl, von dem man nie genau sagen kann, wo am besten anzusetzen wäre, um es zu bekämpfen. Panik ist aber auch das Gefühl, das im Falle einer Katastrophe erzeugt wird. Angst hat man in der Katastrophe vor einzelnen Ereignissen, das übergeordnete Gefühl ist jedoch das einer Panik, die durch die innere Ungewissheit im Angesicht der Katastrophe und durch deren schieres Ausmaß verursacht wird.

Während der Vorarbeiten zu diesem Buch ebbte beispielsweise europaweit gerade eine Panikwelle langsam wieder ab. Ausgelöst, man mag es eigentlich immer noch kaum glauben, durch den Ausbruch eines einzelnen Vulkans im fernen Island. Die dabei entstandene Aschewolke verteilte sich einige Wochen lang gleichmäßig über den Kontinent und legte tagelang den Flugverkehr lahm. Tausende Touristen saßen an ihren Urlaubsorten fest, Geschäftsleute verpassten Termine, lediglich die Anwohner in der Nähe von Flughäfen freuten sich über einige Tage Verschnaufpause.

Wer die Berichterstattung über dieses Phänomen verfolgte, musste schnell den Eindruck bekommen, die Apokalypse könne nicht mehr fern sein. Deutschlands größte Boulevard-Zeitung rechnete flugs aus, was denn passierte, wenn der Vulkan noch sechs (!) Monate lang Asche spuckte: Die globale Temperatur träte den Sinkflug an, ein bis zwei Grad weniger, und es käme im Sommer zu Schneeschauern, war dort zu lesen. Außerdem, so ließ sich ein bekannter Reiseunternehmer zitieren, wäre dieses Szenario der Tod für sämtliche Fluglinien.

Das mag für sich genommen eher absurd und belustigend wirken, andere Medien stellten jedoch ähnliche Prognosen und schürten damit die diffuse Panik vor den katastrophalen Auswirkungen des fernen Naturschauspiels. Nicht auszuschließen, dass zum Erscheinungszeitpunkt dieses Buches gerade eine andere, ähnlich gelagerte Nachricht die Schlagzeilen dominiert, von isländischen Vulkanen zumindest redet schon lange keiner mehr.

Erkennbar an diesem Beispiel ist bereits, dass es weniger um die inhaltliche »Qualität« geht als um massenhafte Verbreitung auf allen zur Verfügung stehenden Kanälen. Es ist im Grunde wie bei einem Gerücht. Je größer dessen Verbreitung, desto höher wird sein vermeintlicher Wahrheitsgehalt angesetzt. Mit Gerüchten, die einen negativen Beigeschmack haben, funktioniert das besonders gut:

> »Schuld daran, dass Klatsch so gut hängen bleibt, ist nicht zuletzt die Funktionsweise des menschlichen Gehirns. Wir ergänzen bruchstückhafte Wahrnehmungen stets zu einem sinnvollen Gesamtbild und erinnern uns besonders gut an negative Botschaften. So erhöht die Einführung eines negativen Elements in einen Satz in jedem Fall den Informationswert der Botschaft – und damit auch die Chancen, weitergeklatscht zu werden.«[20]

---

20. Schuldt, Christian: Klatsch! Vom Geschwätz im Dorf zum Gezwitscher im Netz. Frankfurt/M.: Insel 2009. S. 62.

Das ist im Grunde eine Umschreibung für die alte journalistische Weisheit »only bad news are good news«. Die negative Information brennt sich ein in die Psyche, wird abgespeichert und wirkt dort weiter. Erhöht man nun die Frequenz, mit der solche üblen Nachrichten auf die Psyche losgelassen werden, ist leicht vorstellbar, dass die Sortierfunktion des Gehirns in wichtige und unwichtige Informationen irgendwann an ihre Grenzen gelangt.

Die Kommunikationstrainerin Bianca Schwacke schreibt dazu in ihrem Blog:

Lieber zehn schlechte als eine fröhliche Nachricht verkünden und lesen. Ein Trend, der Einzug hält. Informationen, die täglich über die Zeitungen, durch die Radios oder über die Fernseher flimmern. Ob eine Explosion fünf Menschen in den Tod gerissen hat, ein 18-Jähriger durch sinnlose Raserei einen Ehemann und Vater tödlich verletzt hat oder die Parteien ihren Unsinn verbreiten und das Volk veralbern. Die Mitbürger sitzen, ohne dass sie es wollen, in einem permanenten Tiefdruckgebiet der Schlagzeilen mit schwarzen Wolken, die niemals aufzureißen scheinen.[21]

---

21. Schwacke, Bianca: Katastrophenmeldungen – Nachrichten, die krank machen. 8.2.2010, http://biancaschwacke.wordpress.com/2010/02/08/katastrophenmeldungen-nachrichten-die-krank-machen/

Besonders fatal ist dies, weil Informationsvermittlung in modernen Medien immer stärker mit visuellen Elementen arbeitet. Egal, ob Fotos in Zeitschriften und Zeitungen, TV-Berichte oder Videos auf Webseiten, die Macht des Bildes bindet den Leser, Zuschauer und User an das jeweilige Medium und trägt damit letztlich auch zur Wirkung der negativen Beschallung entscheidend bei.

Abtprimas Notker Wolf, mit dem ich vor einiger Zeit ein langes und interessantes Gespräch führte, erwähnte diesen Zusammenhang ebenfalls, als er berichtete, dass er schon seit Jahren kaum noch vor dem Fernseher sitze. Neben dem Zeitfaktor nannte er als wesentlichen Grund die Macht der Bilder, die in seiner Vorstellung Dinge auslösten, die er als unangenehm empfand.

> »Die Bilder zerschlagen mir die Information, nach geschauten Nachrichten weiß ich kaum noch, um was es eigentlich ging, weil mich die Bilder überwältigt haben. Eine Überschwemmung etwa kann ich mir durchaus vorstellen, wenn ich davon lese oder im Radio höre. Ich muss das nicht noch aus nächster Nähe sehen.«[22]

Notker Wolf verweist mit diesen Einlassungen auf das Traumatisierungspotenzial solcher Bilder. Wer davon nur liest oder hört, macht sich eine eigene Vorstellung vom Ausmaß

---

22. Gespräch in Rom, August 2009.

der Schäden. Diese Vorstellung wird aus einem Schutzmechanismus der Psyche heraus eher keine hoffnungslosen Bilder produzieren. Die Bilder im Fernsehen jedoch nehmen jede Vorstellung vom Ausmaß des Geschehens vorweg, sie diktieren die Vorstellung, die der Zuschauer sich zu machen hat, und lassen keinen Raum für Schutzmechanismen der Phantasie.

Was passiert: Entscheidend ist der Moment, in dem Bilder mit Emotionalität gekoppelt werden. Die journalistisch aufbereitete Information allein mag bereits negativen Inhalt haben, ihre Wirkung auf den Rezipienten wird jedoch deutlich erhöht, wenn der Information begleitendes Bildmaterial beigemischt wird. Dabei gilt mittlerweile: Je näher dran, desto besser. Flog der Kameramann früher vielleicht nur über ein Katastrophengebiet und zeigte es relativ unkonkret als großes Ganzes, so wird heute ganz gezielt nach der einzelnen Story gesucht, nach dem Menschen, der sein Hab und Gut verloren hat, vor seinem zerstörten Haus steht und am besten noch weint. Statt einer Berichterstattung im Rahmen der normalen Nachrichtensendungen gibt es Sondersendungen und Online-Live-Ticker, ebenfalls kombiniert mit möglichst viel Bildmaterial, wobei verschärfend hinzukommt, dass mit vielen Bildstrecken auf Websites hohe Klickraten generiert werden können, was per se dazu führt, dass zu jedem möglichen und unmöglichen Thema Unmengen an Bildmaterial gestellt werden. Diese Art des Zu- und Umgangs zu und mit Informationen hat viel tiefgreifendere Auswirkungen als eine bloße Faktenberichterstattung. Und eines ist klar: Je höher das Katastrophenpotenzial, desto höher die Einschaltquote. Als im Jahr 2010 die Rettung chilenischer Bergleute aus einem eingestürzten Schacht live übertragen wurde, wäre die ohnehin gute Quote vermutlich noch einmal explodiert, wenn etwas schiefgegangen wäre. Für unsere Psyche wäre der Umschlag von einem eigentlich positiven Ereignis wie der Rettung in das Drama eines weiteren Unfalls aber schlimm gewesen, ohne dass wir das wirklich bewusst realisiert hätten.

Wenn dieser Informations-Emotions-Mix über Massenmedien verbreitet wird, kann man von einer Art Traumatisierung sprechen. Der Einzelne ist mit der Informationsverarbeitung im Kopf überfordert, jede für sich genommen noch nicht unbedingt dramatische Information wird durch die Inszenierung größer, als sie vorher war, und nimmt einen ihr eigentlich nicht zustehenden Platz ein.

Man muss sich klarmachen, dass die Verwendung von Bildern heute oft den Informationswert einer Nachricht nicht wesentlich erhöht. Bedient wird immer häufiger vor allem ein dem Menschen innewohnender Voyeurismus, den sich diejenigen, die diese Bilder verwenden, vor allem ökonomisch zunutze machen. Immer sensationellere Bilder im TV erhöhen die Einschaltquote, grausame Videos auf Webseiten verlängern die Verweildauer der Nutzer, Bildstrecken auf Nachrichtenseiten im Internet sind vor allem für eins gut: Sie erzeugen hohe Klickzahlen, die von der Werbeabteilung des Mediums als Argument im Online-Anzeigenverkauf eingesetzt werden können. Dass auch der Zeitschriftenverkauf am Kiosk vor allem über die Wirkung des (Katastrophen-) Covers beeinflusst wird, ist ein alter Hut...

In all diesen Fällen dienen Bilder vor allem als Kaufanreiz. Da aber die Absatz- bzw. Ertragssituation in den Medien seit Jahren in einer schweren Krise steckt, entsteht der Eindruck, dass immer mehr Bilder, immer härtere und grauenvollere Abbildungen und Videos hermüssen, damit der Kampf um den Leser, Zuschauer und User gewonnen werden kann. So funktioniert jedenfalls scheinbar die Logik der Marketingstrategen in den Chefredaktionen und Vertriebsabteilungen.

Was hier zunächst wie Medienkritik klingt, die mittlerweile vielerorts zu hören und zu lesen ist, hat für die Zusammenhänge, um die es mir geht, schlimme Konsequenzen. Ich habe den Begriff der »Traumatisierung« bereits genannt. Im Grunde haben wir es hier mit einem doppelten »Traumatisierungseffekt« zu tun. Zuerst sehen sehr viele Menschen die gleichen negativen Nachrichten mit den entsprechenden Bildern, daran anschließend verstärkt sich das Gesehene einerseits dadurch, dass es in vielen anderen Kanälen nochmals wiederholt wird, andererseits aber auch, indem die Menschen untereinander darüber sprechen und sich gegenseitig Angst machen.

Es muss allerdings an dieser Stelle hinzugefügt werden, dass der Begriff der »Traumatisierung« hier nicht im engeren Sinne gebraucht wird, sondern zur Verdeutlichung dessen, was der einzelne Mensch erlebt. Dieser ist nicht traumatisiert in dem Sinne, dass er eine Therapie bräuchte, sondern es gelingt ihm nicht mehr in ausreichendem Maße, Schreckensbilder zu distanzieren, sie kommen zu nah an ihn heran und setzen sich fest.

Im gleichen Maß kann sich auch die Verstärkung der Nachricht durch Musik auswirken. Man erinnere sich an die Welle der Empörung, die das ZDF erreichte, als Bilder über die Erdbebenkatastrophe in Japan vom Frühjahr 2011 statt mit einem journalistischen Kommentar einfach mit dem Intro des Stückes »Teardrop« der Band Massive Attack unterlegt wurden. Der Effekt war der eines Musikvideos, das grausame Bilder von reißenden Fluten, hilflos fliehenden Menschen und einem explodierenden Atomkraftwerk mit entsprechend dramatischer Musik kombiniert. Nur dass in diesem Fall die Bilder nicht Fiktion, sondern Realität zeigten. Andere Sender handelten ähnlich (das ZDF bekam nur die meisten Prügel für diesen Vorgang), ein Sprecher des Senders N24 verwies gar darauf, die Musik solle den Effekt haben, den Emotionen des Zuschauers zu entsprechen.

Diese Vorgänge waren so unverfroren von Seiten der Medien und so deutlich, dass sie entsprechende Proteste nach sich zogen. Doch wie oft wird die emotionale Wirkung von Musik auf ganz ähnliche Weise eingesetzt, ohne dass wir es noch auf so bewusste Weise als bedrohlich realisieren? Unsere Psyche jedoch realisiert es, und je höher die Frequenz solcher Vorgänge, desto stärker gerät unsere Psyche unter den Eindruck, die Welt bestehe nur noch aus Katastrophen.

Dass die Frequenz nicht nur hinsichtlich negativer Nachrichten eine Rolle spielt, sondern auch absolut gesehen die Psyche zunehmend vor Anforderungen stellt, denen sie nicht mehr gewachsen scheint, ist in letzter Zeit Thema vieler Publikationen. Eindrucksvoll beschreibt dieses Phänomen der SZ-Journalist Alex Rühle, der mit einem Buch über seinen Versuch, ein halbes Jahr ohne Internet zu leben, Aufsehen erregte:

> »Es ist nie genug. Wenn ich einen Zeitungstext geschrieben habe, stellt sich nur selten ein Gefühl der Befriedigung ein. Eher ist es, als würde ich im Keller meiner Angst eine Kartoffel unten aus einem ewig steilen Haufen ziehen: Sofort kollern aus dem Dunkel zehn andere hinterher. Die meisten Mails, die ich schnell beantworte, haben wiederum neue Antwort-Mails zur Folge. Sollte ich am Jüngsten Tag gefragt werden, warum ich nicht mehr Gutes, Sinnvolles, über den Tag Hinausweisendes getan habe, ich werde dem lieben Gott meine rappelvolle Mailbox zeigen und sagen: ›Ich musste antworten.‹ Wobei, wenn ich's mir recht überlege, ich bin am Jüngsten Tag eh nicht da, da habe ich einen wichtigen Termin.«[23]

---

23. Rühle, Alex: Ohne Netz. Mein halbes Jahr offline. Stuttgart: Klett-Cotta 2010. S. 83.

Rühle beschreibt, wie sehr der Mensch sich im nicht abreißenden Strom von Informationen zu verlieren droht. Wie soll man seine Mitte finden, wenn das Leben an den Rändern immer mehr ausfranst?

Wenn man sich das Zitat aus Rühles Buch noch einmal anschaut, wäre allerdings etwas anderes viel interessanter als die Feststellung, dass die »rappelvolle Mailbox« ein Überforderungsgefühl auslöst. Was wäre denn, wenn die Mailbox leer wäre? Wäre Rühle erleichtert und würde sich freuen, Zeit zu haben, um »Gutes, Sinnvolles, über den Tag Hinausweisendes« zu tun? Sein Experiment des Offline-Lebens zielt ja in diese Richtung (offline sein heißt auch, eine leere Mailbox zu haben, und zwar in diesem Fall dauerhaft) und zeigt ganz klar, dass es so einfach nicht ist. Der Zustand wird zunächst einmal nicht als entlastend und beruhigend empfunden, sondern als Nervosität stiftend. So beschreibt er einen ersten Versuch, sich vom ständigen Online-Sein abzukoppeln, indem er einfach nur in einem zweiwöchigen Urlaub den Laptop daheim lässt. Statt die Ruhe zu genießen, fühlt er sich von permanenter Unruhe erfasst:

»Zwei Wochen ohne, das werde ich ja wohl schaffen. Ist doch Urlaub. Von wegen. Es war wie kalter Entzug. (...) Am dritten Tag, wir bummelten durch die Fußgängerzone (...), entdeckte ich das Internetcafé. Natürlich nicht zufällig, ich hatte während des ganzen Spaziergangs (...) nach nichts anderem Ausschau gehalten. Da! Endlich! Ein

Mofaverleih, an dessen Schaufensterscheibe ein gelbes @-Zeichen klebte. Es war, als würde dieses Zeichen nicht von meinem Gehirn entziffert, sondern von meinem innersten Triebzentrum. Ich hatte es wahrgenommen, noch bevor ich es wirklich gesehen hatte.
(…)
Von da an bin ich unter absurden Vorwänden alle zwei Tage ins Dorf hochgeschlichen, um kurz meine Mailbox zu öffnen. Keine der Mails musste unbedingt beantwortet werden. Ach was, unbedingt. Keine der Mails musste überhaupt beantwortet werden. Ich hab's trotzdem getan.«[24]

Besonders die Bemerkung mit dem Gehirn und dem Triebzentrum ist bezeichnend. Wie beschrieben, versucht unsere Psyche stetig, sich einen bestimmten Zustand zu erhalten, und das ist eben heute meist jener hochgedrehte Zustand, in dem wir ständig nach Beschäftigung suchen. Ich kenne Alex Rühle nicht persönlich und will hier keine Ferndiagnose stellen, aber seine Beschreibung zeigt doch recht gut, wie sich der Mensch quasi automatisch in einer Phase der eigentlichen Ruhe (Urlaub) die Unruhe (Mails) wieder heranzieht, ohne dass irgendeine Notwendigkeit dafür bestünde. Das süße Nichtstun im Urlaub auszuhalten scheint unendlich schwer.

---

24. Rühle, Alex: a.a.O. S. 34 f.

Was Rühle auch erwähnt, ist der Drang, sich ständig vor den Unkenrufern zu rechtfertigen. Als er sein Experiment des halbjährigen Offline-Seins startete, fühlte er sich verpflichtet, an den ersten Tagen immer wieder zu versichern, dass er nichts Grundsätzliches gegen das Internet habe und die darin enthaltenen Möglichkeiten für großartig hielte. Es scheint gar nicht möglich, diese Erkenntnis einfach stillschweigend vorauszusetzen und sich ausnahmsweise mal direkt nur mit den negativen Auswirkungen zu beschäftigen. Die Front derer, die solche Stimmen als mittelalterlich empfinden und die Mahner dementsprechend gerne an den digitalen Pranger stellen möchten, ist groß und geschlossen. Die Stimmen derer, die eine differenzierte Sichtweise an den Tag legen, nehmen zwar langsam zu, sind aber immer noch nur schwer zu hören.

Der Politikbetrieb als Menetekel der gesellschaftlichen Entwicklung

»Wirklich, er war unentbehrlich! / Überall, wo was geschah / Zu dem Wohle der Gemeinde, / Er war tätig, er war da. / Schützenfest, Kasinobälle, / Pferderennen, Preisgericht, / Liedertafel, Spritzenprobe, / Ohne ihn, da ging es nicht. / Ohne ihn war nichts zu machen, / Keine Stunde hatt' er frei. / Gestern, als sie ihn begruben, / War er richtig auch dabei.«
(Wilhelm Busch)

In einem SPIEGEL-Artikel (2/2011, S. 42ff.) unter dem schönen Titel »Die zerhackte Zeit« beschreiben die Autoren Markus Feldkirchen und Dirk Kurbjuweit, wie sich die Beschleunigung des Lebens durch moderne Medien auf die politische Klasse auswirkt. Die Erkenntnisse in diesem Artikel sind symptomatisch für die allgemeine Entwicklung und bieten einen furchterregenden Ausblick auf das, was den Normalmenschen mittelfristig erwarten könnte.

Da wird etwa das Beispiel des SPD-Gesundheitspolitikers Karl Lauterbach angeführt, der am Ende eines Tages nachzählt, er habe »20 Leuten eine SMS geschickt, dazu 32 Telefonate«. Fazit dieses Tages: »Kommuniziert habe er vergleichsweise wenig.« Gut, vergessen wir die 20 SMS, manch 15-Jähriger schickt vermutlich heute täglich die doppelte Menge raus, ohne dass diese eine wichtige Funktion in seinem täglichen Leben hätten. Aber 32 Telefonate? Wie viele hat Lauterbach, wenn er »viel« kommuniziert? Man möchte es eigentlich gar nicht wissen. Einige davon werden kürzer gewesen sein, andere länger; wenn man von lediglich drei Minuten pro Telefonat ausgeht, kommt man immerhin auf anderthalb Stunden telefonieren an einem unterdurchschnittlichen Tag. Wer da nicht multitaskingfähig ist, hat schon verloren.

Und Lauterbach ist ja noch nicht einmal »wichtig« im engeren Sinne. Er hat keinen Ministerposten, tigert »lediglich« als »Experte« durch Fraktionssitzungen, Talkshows und andere Termine. Wichtige Leute wie Bundeskanzlerin Angela Merkel, um die es in dem Artikel dann auch schwerpunktmäßig geht, bekommen schon mal am Tag 70 SMS nur von ihrem persönlichen Nachrichtendienst zugeschickt. 70 SMS, die gelesen, geistig verarbeitet und bewertet werden wollen. Die meisten normalen Menschen wären nach zwei Tagen reif für die Klinik.

Die Autoren diagnostizieren dann auch in Anlehnung an einen Text von Karlheinz Geißler in einem Sammelband über »Sozialfiguren der Gegenwart«[25], Politiker gehörten zum Typus der »Simultanten«, die »eine ausgeprägte Leidenschaft für die Vergleichzeitigung« hätten. Das ist eine Umschreibung für den Versuch, Multitasking weiter zu perfektionieren, jene Fähigkeit also, von deren fatalen Nebenwirkungen hier die Rede ist, die der SPIEGEL-Artikel indes als »hohe Kunst« und »Anforderungsprofil an einen modernen Politiker« definiert, nachdem Karl Lauterbach den Journalisten im Brustton der Überzeugung klargemacht hat, wie er und seine Kollegen zu funktionieren haben. Lauterbach nämlich zeigt den SPIEGEL-Leuten eine Art Fitness-Gerät, eine Platte, unter der sich eine Kugel befindet. Dann wird er zitiert: »Sie sind dann gut, wenn Sie auf dieser Platte auf einem Bein stehend balancieren können, Ihrem Gegner in die Augen sehen und dabei gleichzeitig treten und schlagen können.«

---

25. Geißler, Karlheinz: Der Simultant. In: Schroer, Markus und Moebius, Stephan: Diven, Hacker, Spekulanten – Sozialfiguren der Gegenwart. Frankfurt: Suhrkamp 2010. S. 326 ff.

Die Assoziation zur eierlegenden Wollmilchsau, dem perfekten Alleskönner, den es so nie geben kann, liegt nah, das Dumme ist nur: Lauterbach meint das ernst. Und bestätigt damit parteiübergreifend die Haltung der Kanzlerin, über die es einige Absätze später heißt, sie finde nicht, dass das [die Entschleunigung des politischen Handelns, im konkreten Fall bezogen auf den Vorschlag, einfach seltener aufs Handy zu schauen] gehe. Angst, etwas Wichtiges zu verpassen, nennt sie als Grund, die Notwendigkeit, ständig reagieren zu können. Dann spricht sie von »kurzfristigen Ausschlägen in der Politik«, die »immer drastischer, immer verrückter« würden. Auch hier scheint also ständig eine neue Katastrophe zu drohen, jedenfalls erscheint es den Politikern so. Dass sie mit ihrem kräftigen Tritt ins Hamsterrad dazu beitragen, dass sich die Relationen ständig verschieben, kommt ihnen nicht in den Sinn. Ein Innehalten in der Politik könnte manchmal dafür sorgen, dass ein Sachverhalt tatsächlich durchdrungen und sinnvoll behandelt werden würde. Stattdessen hetzt die Politik von einem »Ausschlag« zum nächsten und ist vor allem daran interessiert, so zu tun, als ob sie etwas täte.

Nachrichten eines ganz normalen Tages – Sammlung aus verschiedenen Medien

Schütteln Sie auch manchmal schon morgens den Kopf, welchen Unsinn Sie zu hören bekommen?

»Das Wetter ist eine Katastrophe. Es lohnt sich heute überhaupt nicht, aufzustehen.«
(Moderationseinstieg eines Radiomoderators)

»In Deutschland drohen schon bald leere Schuhregale. ›Es gibt Lieferschwierigkeiten, vor allem in Asien‹, berichtet Manfred Junkert, Hauptgeschäftsführer des Bundesverbands der Deutschen Schuhindustrie. Während der Krise seien in wichtigen Produktionsländern (...) die Kapazitäten stark heruntergefahren worden. ›Und nun klappt das Wiederaufstocken nicht schnell genug‹, sagt Junkert. (...) Wegen gestiegener Lederpreise und höheren Arbeitskosten droht ein Preisplus von etwa fünf Prozent.«[26]

Aber es bleibt nicht beim Kopfschütteln: Die Penetration medial vermittelter Katastrophen ist nicht mehr zu überhören und zu übersehen.

Um sich wirklich klarzumachen, welcher enormen Frequenz von Negativnachrichten wir mittlerweile ausgesetzt

---

26. Meldung in der WELT kompakt vom 23.2.2011.

sind, habe ich einmal, ohne Anspruch auf Vollständigkeit, über den Zeitraum nur eines einzigen Tages versucht, Schlagzeilen unterschiedlicher Medien zusammenzustellen. Bestimmte Themen tauchen dabei mehrfach auf, andere nur einmal, je nach echter oder scheinbarer Bedeutung für die Allgemeinheit.

Unruhen in Bangkok – Thailands Selbstzerstörung

TV-Appell an Entführer von Bankiersgattin – »Bitte, bitte, bitte!«

Regierung: Sparvorschläge – Schäubles Giftliste – wer alles sparen soll

Die Kanzlerin in der Krise – Baldrian fürs Volk

Versenktes Kriegsschiff – Nordkorea droht mit Krieg

Krise in Thailand – Militär kreist Zufluchtsort ein

Lebensmittel – Europaparlament stoppt Fleischkleister

RTL und Pro Sieben Sat1 – Verdacht auf unerlaubte Absprachen

Nach Entführung im Jemen – Kinder kommen nach Hause

Unruhen in Thailand – »Wir werden wieder kämpfen«

Irans Bluff im Nuklearstreit – Im Marionettentheater

Snooker: Manipulation – Falscher Akzent

Gerichtsurteil – Scientologin bleibt Tagesmutter

Riskante Geschäfte mit Ramschanleihen – Razzia bei der BayernLB

Deutscher Gewerkschaftsbund – Der Feind zahlt gut

Globale Temperatur – Weltrekord im April

Kloster Ettal – Mönch zu Bewährungsstrafe verurteilt

Knappe Dividenden – Karge Zeiten für Aktionäre

Bashing gegen Boateng – Revanchefoul im Internet

Pakistan – Karikaturen-Streit um Facebook

Commerzbank – Aktionäre meutern gegen Blessing

Schnell noch tanken – Benzin wird zu Pfingsten teurer

Oberflächentemperatur steigt an – Ozeane heizen sich auf

Nuss- oder Lachsschinken? – Täuschung mit »Klebe-Schinken«

Uefa-Ermittlungen – Ungarischer Meister unter Manipulationsverdacht[27]

---

27. Schlagzeilen stammen aus Süddeutsche Online, Spiegel Online und ntv-online vom 20.5.2010.

Natürlich bekommt nicht jeder all diese Meldungen jeden Tag auf einmal mit, entkommen können wir jedoch insgesamt kaum.

Wir sind nämlich bereits mit Stress überhäuft, bevor wir auch nur einen Handschlag an unserem Arbeitsplatz getan haben, anders gesagt: eigentlich bevor überhaupt die Möglichkeit besteht, dass echter Stress aufkommen kann.

In diesem Beispiel geht es um einen guten Bekannten, der mir seine Gedanken mitteilte:

Das Erste, was ich normalerweise richtig mitbekomme, sind die Frühnachrichten. So auch an diesem Morgen: Australien hatte zu jener Zeit mit schweren Überschwemmungen zu kämpfen, der Nachrichtensprecher verkündete die deprimierende Zwischenbilanz: elf Tote. Als zweite Meldung berichtet der Sprecher von Erdrutschen in Brasilien, die die Armenviertel teilweise dem Erdboden gleichmachten. 250 Tote, mein imaginärer morgendlicher Leichenzähler also schon bei 261. Auf dem Rhein, so die nächste Meldung, sei ein Schiff gekentert und von der Bildfläche verschwunden, mindestens zwei Besatzungsmitglieder seien vermisst und vermutlich ertrunken. 263. Mit Option auf Erhöhung, denn der Sprecher versicherte flugs: »Wir halten Sie auf dem Laufenden...« Den Abschluss des ganz normalen frühen Bombardements bildeten ein schlimmer Unfall auf der A3 (ohne Tote) und der Wetterbericht, der mit einer Unwetterwarnung aufwarten konnte. Starker Regen in den nächsten zwei Tagen. Unwetterwarnung...

Auch wenn all das eher angetan gewesen wäre, liegen zu bleiben und die Decke über den Kopf zu ziehen, stand ich auf und fand mich schließlich am Frühstückstisch ein. Ein Blick in die Tageszeitung ließ mich wissen, dass am Rhein eine neue Hochwasserwelle anrolle. Die Redaktion hatte das zum Anlass genommen, eine Umfrage zu zitieren, der zufolge die Deutschen zu einem großen Teil Angst vor der globalen Erwärmung haben. Im Gesellschaftsteil ein Bericht über Michael Jackson, genauer gesagt, über Jacksons Kardiologen, der Medikamente zu hoch dosiert haben soll und auf den ein Berufsverbot warte. Unterschwellige Botschaft: »Kann man jetzt nicht mal mehr den Ärzten trauen?« Darüber hinaus: Dioxinskandal mit Gift in Eiern und Fleisch, Wettskandal im Sportteil, Vertuschungsskandal bei der Bundeswehr und vieles mehr. Only bad news are good news. Den Rest gaben mir dann Gerüchte über neue Schweinegrippefälle, bei denen ich mich auch persönlich plötzlich betroffen fühlte, weil ich anfing, nachzudenken, ob denn meine Kinder auch dagegen geimpft werden müssten. Und ich selbst auch.

Gegen halb acht an einem Morgen, an dem ich ohne nennenswerten zu erwartenden Stress aufgewacht war, hatte die Welt ihre Last bereits auf meinen Schultern abgeladen, ohne dass ich sie darum gebeten hatte...

Dieser Bekannte beschrieb mir weiter, wie er, am Arbeitsplatz angekommen, damit klarkommen musste, dass es mal wieder Gerüchte gab, der Firma gehe es nicht gut und es seien Arbeitsplätze gefährdet. Abends unterhielt man sich dann noch darüber, wie sicher denn der Betreuungsplatz des jüngsten Kindes sei und ob man sich nicht um einen neuen kümmern müsse. Und die Weltnachrichten waren über den Tag auch nicht gerade besser geworden.

So und so ähnlich kennen das viele von uns. Dauerbeschuss mit Negativnachrichten, die sich vermengen mit realen Bedrohungen des Alltagslebens. Kaum jemand kann dabei wirklich entspannt bleiben. In diesem Moment passiert etwas ganz Entscheidendes: Die Psyche hat durch die Kombination beider Belastungen keinen Ausweg mehr und stellt auf Katastrophenmodus um. Diese Kopplung in unserer Psyche ist so bisher nicht erkannt und beschrieben worden; als Kernpunkt meiner Analyse führt sie zum Verstehen, wie wir zurück zur Intuition und erst damit zur angemessenen Beziehungsebene zu unseren Kindern gelangen können.

Wenn wir diesen Mechanismus aber erkennen, sind wir auf dem Weg zu einer Lösung. Wir müssen an den Hebel im Kopf ran, der in die falsche Richtung umgelegt wurde und den Katastrophenmodus auf »on« geschaltet hat. Wer diesen Mechanismus verstanden hat, kann den Hebel wieder in die andere Richtung umlegen. Wenn wir also das Problem über das Verstehen lösen, können wir durchaus mit den Veränderungen umgehen, die die Zeit mit sich bringt. Deshalb ist diese Analyse zukunftsweisend und beschränkt sich nicht darauf, den Finger in eine noch nicht erkannte Wunde zu legen. Wenn der Hebel erst einmal wieder umgelegt ist, ruhen wir wieder in uns selbst, sind innerlich abgegrenzt gegenüber den Veränderungen und haben gute Voraussetzungen, um uns nicht erneut immer weiter von uns selbst wegtreiben zu lassen.

Wir sind nur begrenzt in der Lage, auf den steten Zufluss negativer Nachrichten Einfluss zu nehmen; also müssen wir eine Strategie entwickeln, damit fertig zu werden. Alle Stressratgeber zusammen werden hier nicht helfen können; sie bleiben völlig wirkungslos, weil die Psyche die Stabilität, auch in der scheinbaren Katastrophe, sucht und so von selbst in den Widerstand gegen Veränderungen führt. Nein, eine Veränderung ist nur durch Verstehen möglich, über ein Bewusstsein für die Mechanismen, die uns ins Hamsterrad bringen.

Genau wie die Entwicklungsstörungen bei Kindern nur behoben werden können, wenn die Ursache dafür gesehen wird, genau so kann auch der Dauerstress und das Überforderungsgefühl bei Erwachsenen nur beendet werden, wenn man von der Symptomebene wegkommt.

Echter Stress und Phantomstress

Wenn der frühzeitliche Mensch auf der Jagd plötzlich vor einem Raubtier stand, hat ihm der Stress wohl meist das Leben gerettet. Das Warnsystem des Körpers versetzte ihn nämlich in diesem Moment in die Lage, sofort zu reagieren und sich in Sicherheit zu bringen oder zum Gegenangriff überzugehen.

Auf Raubtiere trifft der moderne Büromensch aber eher selten. Mag einem auch bisweilen der eigene Chef oder die Kollegin als solche erscheinen, so laufen die typischen Körperreaktionen bei Stress doch heute ins Leere. Weglaufen oder angreifen ist keine Option, auf den Stress des 21. Jahrhunderts zu reagieren. Unser Körper weiß das jedoch nicht. Er tut weiterhin das, was er bei unseren Urahnen schon gemacht hat, und löst diverse biochemische Prozesse, so etwa die Produktion von Alarmstoffen wie Adrenocorticotropin, kurz ACTH, aus. ACTH gelangt über den Blutkreislauf in die Nebennierenrinde, dort wird die Produktion von Hormonen wie Kortisol, Adrenalin und Noradrenalin (im Nebennierenmark) angeregt, die klassischen Stresshormone. Puls und Blutdruck erreichen hohe Werte, der Atem geht schneller, um mehr Sauerstoff zur Verfügung zu stellen, und der Blutzuckerspiegel steigt (gibt viel Energie für Muskeln und Gehirn). Appetitlosigkeit kommt dazu. All diese Reaktionen dienten einst letztlich dem Zweck der kurzfristigen Aktivierung aller Muskelpartien, um sich körperlich der Bedrohung entgegenstemmen zu können. Gleichzeitig sinkt unsere Schmerzempfindlichkeit, und die Blutgerinnung verändert sich; das Blut wird dicker, um die Gefahr einer Verblutung im Verletzungsfall zu verringern.

Wohin nun mit diesen Körperaktivierungen, vor allem, wenn sie in immer kürzeren Frequenzen immer und immer wieder auftreten? Da es kein äußeres Ziel zum Abreagieren gibt, bleibt nur eine Option: Die – biologisch folgerichtigen –

Stressreaktionen richten sich gegen den eigenen Körper. Ergebnis sind Krankheitssymptome, die wir heute in stetig steigendem Maße finden: Magenprobleme, Kopfschmerzen, Muskelverspannungen, Erkrankungen des Herz- und Kreislaufsystems, dazu Depressionen und Angststörungen.

All diese Symptome sind zu einem großen Teil das Resultat der Tatsache, dass die Energie, die für den Körper durch die Stressreaktion bereitgestellt wird, nicht nach außen abfließen kann. Grob kann man bei akutem Stress drei Phasen der Körperreaktion unterscheiden:

- Alarm
- Reaktion
- Bewältigung

In der Alarmphase hat der Körper den Stressfaktor registriert und beginnt damit, sich auf die Reaktion vorzubereiten, d.h., er schüttet die bereits genannten Hormone aus, fährt gewissermaßen die Abwehrsysteme hoch.

Während der Reaktionsphase ist alles im Körper auf Hochbetrieb, um entweder kämpfen oder flüchten zu können (der amerikanische Physiologe Walter Cannon prägte bereits 1915 dazu den Terminus »fight or flight«). Bis hierhin gleichen die Stressphasen unserer Vorfahren den unseren.

Die Bewältigungsphase ist diejenige, die den Körper wieder zur Ruhe kommen lässt. Der Stress ist vorbei, konnte durch den Abfluss der aufgebauten Energie aktiv abgewendet werden; der Hormonpegel reguliert sich auf ein Normalmaß, und die Energiespeicher können wieder aufgefüllt werden.

Diese dritte und letzte Phase stellt heute das kritische Moment dar. Sie fehlt, wenn einerseits die Energie nicht nach außen abfließen kann und andererseits der Stress gleichbleibend hoch ist. Dagegen hilft heute eigentlich nur noch Sport, der gewissermaßen die Bewältigungsphase simuliert und dafür sorgt, dass die aufgestaute Energie abfließen kann. Der Daueralarm, in dem der Körper sich befindet, wenn die Energie nicht abfließt, macht uns krank, weil wir permanent unter Strom stehen. Untersucht man Patienten, die mit Erschöpfungssymptomen zum Arzt kommen, so lässt sich häufig eine größere Anzahl von sogenannten Entzündungsbiomarkern im Blut feststellen, bei gleichzeitiger Erhöhung der Lipid- und Cholesterinwerte. All das gilt als Warnsignal für Diabetes, Herzerkrankungen oder auch Schlaganfälle.

Einer Studie der Techniker Krankenkasse zufolge fühlen sich bereits über 30 Prozent der Deutschen ständig oder häufig gestresst, und etwa 20 Prozent sind der festen Überzeugung, dass sich bereits gesundheitliche Folgen zeigen, die eindeutig dieser Stressbelastung zuzurechnen sind. Über die Hälfte davon klagt über ständige Erschöpfung und andere klassische Burn-out-Symptome. Die Häufigkeit von Herz-Kreislauf-Erkrankungen ist bei diesen Stresspatienten etwa doppelt so hoch wie bei ihren nicht gestressten Zeitgenossen. Das ist eine dramatische Erkenntnis vor dem Hintergrund, dass Herz-Kreislauf-Erkrankungen nach wie vor die meisten Todesfälle in Deutschland auslösen. Stress ist also nicht einfach nur ärgerlich, er kann sogar tödlich sein.

Bedenkenswert ist auch die Tendenz, die sich aus der Krankenkassen-Studie ablesen lässt. Über die Hälfte der Befragten gab an, stetig steigendem Stress ausgesetzt zu sein, die Gruppe der unter 40-Jährigen ist dabei besonders gut vertreten. Gerade die Jüngeren sehen also zu einem großen Teil negativ in die Zukunft, was ihre Stressbelastung angeht, eine Erkenntnis, die sich mit dem Phänomen des Hamsterrades sehr gut deckt. Entscheidend ist nun, die Verbindungslinien zu erkennen.

Grundsätzlich gilt: Der am wenigsten belastende Stress ist der, der gar nicht erst auftritt. Und der Stress, der durch das auf Katastrophe umgeschaltete Programm unserer Psyche entsteht, müsste eigentlich nicht entstehen. Er ist eine Art Phantomstress in dem Sinne, dass er auf Phantomängsten beruht. Dadurch, dass in der medialen Berichterstattung die größte Katastrophe die »beste« Katastrophe ist, weil über sie am meisten berichtet werden kann, gerät ein eigentlich wichtiger Faktor bei der Beurteilung von Gefahren stark in den Hintergrund. Gemeint ist die Wahrscheinlichkeit.

Es spielt heute kaum noch eine Rolle, wie wahrscheinlich ein Unglücksfall ist, relevant ist allein die in der Berichterstattung vermittelte schiere Größe des Unglücks. Und da gilt: Je größer, je schrecklicher, ja, je tödlicher das Unglück, desto besser die Bilder, desto entsetzter der Blick des Berichterstatters, desto imposanter die Zahlenflut der Statistiker.

Und desto größer unser Stress.

Unser Gehirn ist nicht darauf ausgelegt, mit kleinen Wahrscheinlichkeiten automatisch auch weniger Anlass zur Ausschüttung von Stresshormonen zu verbinden. Es wird mit den dramatischen Bildern und Erzählungen der Medien geflutet und vermutet dahinter eine gleichbleibend hohe Wahrscheinlichkeit, dass dieses Unglück auch im eigenen Bereich eintreten könnte.

Dazu ein Beispiel, das verdeutlicht, was ich meine:

Im April 2011 ereignete sich auf der A19 in Mecklenburg-Vorpommern ein grauenvoller Massenunfall, bei dem etwa 80 Autos ineinanderfuhren und acht Menschen ihr Leben auf der Straße ließen. Der Grund für diese Karambolage waren plötzliche Sichtbehinderungen durch über die Autobahn wehenden Sand. Das Unglück schaffte es natürlich auf die Titelseite von Deutschlands größter Boulevardzeitung, es durchzog die TV-Nachrichten und schaffte es sogar in die sogenannten »Trending Topics« bei Twitter, einer Auflistung der Begriffe, die in einem bestimmten Zeitraum am häufigsten in Tweets benutzt wurden. Mit anderen Worten: Ein Entkommen war kaum möglich, welche Nachrichtenquelle auch immer man nutzte, die Konfrontation mit diesem Unfall war fast unvermeidlich.

Es kann davon ausgegangen werden, dass an den Tagen, an denen die Berichte über dieses Ereignis so richtig hochkochten, an anderen Stellen mindestens acht Menschen bei Verkehrsunfällen umkamen und mindestens 80 Fahrzeuge beschädigt wurden. Über diese Unfälle wurde sicherlich in der einen oder anderen Regionalzeitung berichtet, oft in den vermischten Schreckensmeldungen des letzten Tages.

Überlegen wir nun, was wohl wahrscheinlicher ist: ein Mega-Unfall wie der auf der A19 oder ein kleinerer mit weniger Schaden, so ist das eigentlich ganz klar. Die Wahrscheinlichkeit, dass sich erneut genügend negative Umstände verketten, um einen Riesenunfall auszulösen, ist verhältnismäßig gering. Ein Toter, ein oder zwei kaputte Autos, das kommt leider häufiger vor.

Unserer Psyche ist das jedoch egal. Die Intensität der Berichterstattung über das relativ Unwahrscheinliche erzeugt in uns Panik, das diffuse, ungerichtete Gefühl, einer ähnlichen Bedrohung ausgesetzt zu sein. Wir sind nicht mehr in der Lage, wirklich zu differenzieren und uns ganz kühl überlegend zu sagen: »Eine Wiederholung eines solch schlimmen Unfalls auf einer meiner Autofahrten ist so unwahrscheinlich, dass mir daraus kein Stress entstehen muss.« Das wäre, vernünftig betrachtet, die richtige Reaktion, die unsere Psyche schützen und die Ausschüttung von Stresshormonen niedrig halten würde.

Leider ist es so, dass damit jener Phantomstress entsteht, den wir nicht wie beschrieben abbauen können, weil der Stresspegel in der Kombination von alltäglichen Belastungen und der Beschallung mit Negativnachrichten gleichbleibend hoch ist. Dieser Phantomstress sorgt für das Umlegen des Hebels in unserer Psyche. Es entsteht das Bedürfnis, das Stressniveau zu erhalten, und die Wahrscheinlichkeit, Dinge mit innerer Ruhe und Intuition anzugehen, sinkt.

Heute, wo unserer Psyche also jeden Tag Phantomkatastrophen vorgegaukelt werden und wir gleichzeitig vor viel mehr sozialen Überforderungssituationen stehen als früher, verhalten wir uns, als wenn wir jeden Tag ein großes Erdbeben mit zehn bis 30 Nachbeben erleben würden. Dieses Verhalten treibt uns ins Hamsterrad und hält uns dort.

Tragisch daran ist letztlich vor allem, dass diese Umstände sich so fatal auf unser Verhältnis zu den Kindern auswirken. Der katastrophengeschädigte Erwachsene kompensiert dieses Defizit unbewusst über die Beziehung zum Kind, indem er entweder geliebt werden will (Projektion) oder, wie ich es heute in der Mehrzahl der Fälle sehe, psychisch mit dem Kind verschmilzt (Symbiose) und damit stellvertretend für das Kind denkt, fühlt und handelt, es somit sehr häufig zu steuern und zu bestimmen versucht. Das wiederum führt dazu, dass der Erwachsene sich auf Machtkämpfe mit dem Kind einlässt, die er nicht gewinnen kann. Das Kind verweigert und erzeugt im Erwachsenen noch größeren Druck, den dieser wiederum an das Kind weitergibt, indem er versucht, sich mit allen Mitteln durchzusetzen. Das ist der fatale Kreislauf, der im Rahmen der Symbiose entsteht.

Gerade in der Beziehungsstörung der Symbiose ist es ganz offensichtlich: Der erwachsene Mensch ruht nicht mehr in sich und erlebt sich damit auch gegenüber dem Kind nicht mehr abgegrenzt und besonnen, sondern er ist »außer sich«, greift damit auch bildlich gesehen in den Bereich des Kindes ein, und zwar unabhängig von dessen Alter. Das führt beispielsweise zum Phänomen der »Helicopter Parents«, derjenigen also, die ständig über ihren Kindern »kreisen« und sich scheinbar selbstlos für sie einsetzen. Wobei selbstlos in diesem Kontext auch wieder so ein verräterisches Wort ist. »Der Erwachsene ist sein Selbst los« wäre nämlich auch eine passende Beschreibung für die Verhaltensweise im Angesicht der Katastrophe. Dort geht es ja nicht mehr um eine aus dem Selbst entstehende Handlungsweise, sondern man ist in Gefahr, nur noch aus einer Ohnmacht und Überforderung heraus zu reagieren.

Immer mal wieder sind in den Medien Meldungen zu hören, über die man im ersten Moment schmunzeln mag, die aber auf ein Verhalten von Eltern hinweisen, die sich unbewusst in einer Symbiose mit ihrem Kind befinden. So kamen im Mai 2011 Überlegungen auf, bei Jugendfußballspielen Eltern mindestens fünf Meter hinter die Spielfeldbegrenzung zu verbannen, um zu verhindern, dass fremde Kinder beleidigt, Schiedsrichter angegriffen und ständig unflätige Dinge gegrölt werden. Das alles aus der Feststellung heraus, dass diese Phänomene zuletzt überproportional zugenommen hatten. Auch hier: Symbiose. Der schreiende Vater denkt und handelt stellvertretend für sein Kind, das er auf dem Spielfeld schlecht behandelt sieht, sei es durch ein

Foul eines anderen Kindes oder eine falsche Schiedsrichterentscheidung. Wir haben es hier mit dem gleichen Phänomen zu tun wie an Schulen, wo Lehrer und Schulleiter mittlerweile regelmäßig direkt von Eltern angegangen werden, ohne dass das Verhalten des eigenen Kindes überhaupt auch nur in Frage gestellt werden würde.

All diese Erscheinungen würden weniger werden, wenn es gelänge, die Psyche aus dem Katastrophenmodus zu holen und zur Intuition zurückzukehren.

Es dreht und dreht und dreht. Wie Kinder den Alltag erleben, wenn ihre Eltern sich im Hamsterrad befinden

Ich habe im Einstiegskapitel versucht zu erklären, warum ich als Kinderpsychiater dieses Buch schreibe, das sich hauptsächlich mit Erwachsenen beschäftigt. Kurz wiederholt, heißt die Begründung: weil durch die Kombination von Überforderungsgefühlen und dem Beschuss mit Negativnachrichten bei Erwachsenen der Hebel für den Katastrophenmodus in der Psyche umgelegt worden ist und der Erwachsene unter einem Dauerdruck steht, aus dem sich das Rotieren im Hamsterrad ergibt. Daraus entstehen zwei Verhaltensebenen, die sich beide auf Kinder auswirken: Zum einen entstehen durch den rotierenden Erwachsenen Störungen der Beziehung zum Kind, die diesem keine normale psychische Entwicklung ermöglichen; zum anderen gibt der Erwachsene den Druck vielfach an das Kind weiter, das dadurch permanent in einem ungesunden Spannungsfeld lebt.

Zum besseren Verständnis möchte ich mit der Erläuterung direkt am Tagesbeginn anfangen. Der Erwachsene, dessen Psyche sich im Katastrophenmodus befindet, dreht bereits am frühen Morgen auf Hochtouren, wie auch das Beispiel meines Bekannten zeigte. Er rotiert innerlich und überträgt diese Rotation ungewollt aufs Kind. Ansatzpunkte dazu gibt es zuhauf. Vielleicht steht das Kind nach dem Wecken nicht schnell genug auf, vielleicht trödelt es beim Waschen, kleckert beim Zähneputzen oder meckert über die Kleidungswahl der Eltern (je nach Alter natürlich). All dies ist nicht ungewöhnlich und normalerweise höchstens Grund für ein elterliches Stirnrunzeln und die Aufforderung, es anders zu machen. Der psychisch auf Katastrophe eingestellte Erwachsene jedoch kann sich gar nicht anders verhalten. Seiner Psyche dienen diese kleinen normalen Unzulänglichkeiten des Kindes, um den Zustand des Hamsterrades zu erhalten. Er ist in Gefahr, unter Druck zu geraten und entsprechend zu reagieren, also beispielsweise laut zu werden oder das Kind übermäßig zur Eile zu drängen. Jede Gelassenheit ist in solchen Momenten dahin.

Dieses Verhalten ist innerhalb des dreistufigen Modells von Beziehungsstörungen, das ich entwickelt habe, im Rahmen der Symbiose anzusiedeln. Diese Eltern können ihr Kind nicht mehr als eigenständige, von ihnen abgegrenzte Person wahrnehmen, sondern als Teil ihrer selbst, den sie mit dem übermäßigen Druck dazu zu bringen versuchen, ihre Forderungen sofort zu erfüllen.

Dieser Druck zieht sich häufig durch den ganzen Tag. Eile bei der Fahrt zur Schule, Stress beim Mittagessen, Druck bei den Hausaufgaben. Dazu kommt die Terminhatz, der immer mehr Kinder heute ausgesetzt sind. An einem Tag der Sportverein, an einem anderen Musikschule und vieles mehr, das Angebot ist mittlerweile unüberschaubar. Das gerne genutzte Bild vom Kind mit dem Manager-Terminkalender hat sich bedrohlich der Realität angenähert.

Das Tragische daran ist, dass Schuldzuweisungen nichts bringen. Niemand kann Eltern vorwerfen, ihre Kinder absichtlich diesem Stress auszusetzen; es ist nicht, zumindest nicht in der Masse, der überbordende Ehrgeiz der Väter und Mütter, der diesen Kindern zu schaffen macht.

Diese Eltern wollen alle das Beste für ihre Kinder. Sie sollen bestehen können, eine gute Ausbildung erhalten, Freunde finden, soziales Engagement kennen lernen. Alles für sich genommen schöne und richtige Ziele, wenn man Kinder hat. Um diese Ziele zu erreichen, sind die Eltern von morgens bis abends unterwegs, sie zerreißen sich förmlich, um dem Kind jede erdenkliche Chance zu bieten.

Und dann müssen sie erleben, dass das auf Dauer nicht so funktioniert, wie sie sich das vorgestellt haben. Das Kind rebelliert gegen alles Mögliche, ist oft schlecht gelaunt, reagiert unverschämt, vielleicht kommt noch ein Leistungsabfall in der Schule mit dazu. Alles Dinge, die niemand erwartet, wenn Eltern sich so intensiv kümmern und ihre Kinder lieben.

Diese Eltern müssen einem leidtun; trotz vieler guter Vorsätze und überdurchschnittlichem Engagement fehlt ihnen das, was das Leben mit Kindern unter anderem so wertvoll macht: genießen zu können, wie ein Kind sich entwickelt, wie es positiv durchs Leben geht und Freude bereitet. Statt dessen erleben sie das Gegenteil: Das Kind scheitert häufig, sie werden von außen genau beobachtet, häufig kritisiert, womöglich als schlechte Eltern dargestellt.

Doch auch die Kinder selbst können einem leidtun. Denn die Tatsache, dass das elterliche Verhalten keine böse Absicht ist, nützt ihnen ja nichts. Sie bekommen den Druck zu spüren, und ihnen fehlt ein klares, abgegrenztes (und damit in sich ruhendes) Gegenüber, an dem sie sich orientieren können, sodass ihre Psyche sich entwickeln kann. Beides hängt zusätzlich noch zusammen.

Bei einer altersgemäßen Entwicklung der Psyche lernen Kinder nach und nach, äußere Eindrücke zu filtern und bestimmte Dinge auszublenden. Als Erwachsene machen wir das tagtäglich, sonst könnten wir gar nicht mehr durch den Tag kommen. Das geht aber nur, weil sich unsere Psyche im Kindesalter langsam in diese Richtung entwickeln konnte. Den Schulkindern, die in der Symbiose aufwachsen, fehlt diese Filtermöglichkeit, weil sie auf dem psychischen Entwicklungsstand eines Kleinkindes, auf dem sie sich befinden, noch nicht vorgesehen ist.

In der Folge kommt es zu vielen Schwierigkeiten, von denen ich zwei zentrale hier benennen will:
– Reizüberflutung: Die Kinder sind nicht in der Lage, Wichtiges von Unwichtigem zu trennen. Alle Eindrücke stür-

zen auf sie ein und vermengen sich so, dass entscheidende Dinge nicht wahrgenommen werden. Nach außen wirkt das häufig so, als ob diese Kinder nicht zuhören könnten oder sich nicht interessieren würden.
- Fehlendes Erkennen von Zusammenhängen: Die Kinder können beispielsweise nicht aus Konflikten lernen. Verhaltensorientierte Reaktionen des Erwachsenen zeigen damit keine Wirkung.

In einer angespannten Situation, etwa, wenn der Erwachsene es eilig hat, reagieren sie wie Kleinkinder. Um das zu verstehen, kann man sich vorstellen, wie ein kleines Kind reagiert, wenn man zu einem Termin fahren muss und es deshalb aus dem Spiel reißt. Es wird aller Wahrscheinlichkeit nach heftig protestieren, weinen und schreien, weil die Spannung des Erwachsenen in diesem Alter vom Kind nicht positiv aufgenommen werden kann, sondern das gegenteilige Verhalten bewirkt. Bei einem Achtjährigen sollte das eigentlich anders sein. Bei einer altersgemäßen Entwicklung wäre er in der Lage zu spüren, dass die Mutter in Eile bzw. unter Druck ist, und würde sich darauf einstellen. Stattdessen haben wir jedoch immer mehr Kinder im Grundschulalter, die auf Zeitdruck in einer Weise reagieren, die eigentlich ins Kleinkindalter gehört. Würde man diesen Kindern sagen, sie sollten sich bitte etwas beeilen, weil man schnell los wolle, so machen sie gerade dies nicht, sondern sind in Gefahr, auszuflippen.

Die Kinder sind durch den permanenten Druck von außen in ihrem frühen Alter bereits in einer sehr realen Stresssituation, was sich auf die Entwicklung ihrer Psyche äußerst negativ auswirkt. Sie entwickeln, wie bereits beschrieben, langsamer als Altersgenossen Sinn für Zusammenhänge, ebenfalls eine Fähigkeit, die für das Verhalten in Konflikten von entscheidender Bedeutung ist. Die Psyche dieser Kinder erlebt ein Spannungsfeld stetiger Überforderung. Dabei bedürfte es eigentlich genau des Gegenteils. Struktur, Ruhe, gleiche Abläufe wären wichtig, um dem Kind eine stabile Entwicklung zu ermöglichen.

Deutlich wird daran auch noch einmal, dass wir es hier nicht mit pädagogischen Fragestellungen zu tun haben. Es geht nicht um ein Verhalten, das man anerziehen muss. All das entwickelt sich eigentlich automatisch, wenn der Erwachsene gegenüber dem Kind in der Intuition ist. Intuitiv weiß eigentlich jede Mutter, jeder Vater, dass man für die abendlichen Abläufe bis zum Schlafengehen eine gewisse Zeit brauchen wird. Damit wäre im Grunde klar, ohne das rational zu entscheiden, dass man mit Abendessen, Waschen, Zähneputzen, Vorlesen usw. zu einer Zeit beginnt, die ausreicht, um alles in Ruhe zu erledigen. Werden diese Abläufe nicht mehr intuitiv begleitet, weil die Eltern nicht in sich ruhend sind, sondern im Hamsterrad, sieht die Sache anders aus. Abläufe sind oft willkürlich, nach äußeren Einflüssen gerichtet; gegessen wird zwischendurch, vielleicht isst noch jedes Familienmitglied für sich allein, selbst bei Kleinkindern. Die Vorbereitungen für den anstehenden Schlaf unterliegen damit einem Zeitdruck. Mit dem gleichen Druck, mit dem sie morgens schon geweckt worden sind, gehen diese Kinder dann abends ins Bett, das Kind ist gestresst. Es ist somit kein Wunder, dass Schlafstörungen schon im Kindesalter in den letzten Jahren merklich zugenommen haben. Die »Kölner Kinderschlafstudie« hat hierzu beispielsweise einige interessante Fakten gesammelt.

So stellten die Forscher der Uni Köln fest, dass Schlafstörungen bereits bei Kindern im Grundschulalter wesentlich verbreiteter sind als angenommen. Von den befragten Viertklässlern klagten bereits zehn Prozent über manifeste Schlafstörungen. Interessante Nebenaussage der Studie in diesem Punkt ist übrigens, dass sich diese Zahl keineswegs mit der Wahrnehmung der Eltern deckt. Statt zehn sind es hier nur fünf Prozent, die die Aussagen ihrer Kinder bestätigen und deren Schlafprobleme auch sehen. Auch hier scheint vielen Eltern offensichtlich bereits die natürliche Wahrnehmung ihres Kindes als Kind zu fehlen, denn die aus dem Schlafmangel resultierende Müdigkeit würde dann sehr wohl wahrgenommen werden. Gleiches Bild bzw. ein noch krasserer Unterschied, was die Tagesmüdigkeit angeht: 25 Prozent der Neun- bis Elfjährigen klagen darüber, gelegentlich tagsüber von Müdigkeit heimgesucht zu werden, doch wiederum nur fünf Prozent der Eltern sehen diese Problematik in gleichem Maße.

In der Studie angeführte Gründe für die Schlafstörungen

der Kinder sind »Licht- und Lärmbeeinträchtigungen«, PC- bzw. TV-Konsum vor dem Schlafengehen und last but not least: familiärer Stress. In ihrem Resümee kommen die Kölner Forscher u. a. zu der klaren Aussage: »Schlafstörungen bei Kindern beinhalten medizinische und gesellschaftliche Probleme, die der dringenden Bearbeitung bedürfen.«

Bereits angesprochen hatte ich das Thema Konfliktfähigkeit, an dem sich fehlende Entwicklung immer gut zeigen lässt. Ich sehe in den verschiedenen Zusammenhängen, in denen ich arbeite, ob Praxis, Heim, Kindergärten oder Schule, heute immer mehr Kinder, die die Folgen des eigenen Tuns nicht erkennen. Unsoziales Verhalten bis hin zur Straffälligkeit ist in diesen Fällen nicht selten. Es geht dabei auch keinesfalls um Disziplin und Ordnung. Diese Kinder und Jugendlichen reagieren nicht auf Strafen, denn das würde voraussetzen, dass sie verstehen, warum sie bestraft worden sind. Durch die fehlende psychische Entwicklung können sie jedoch genau das nicht leisten. Wenn man nachfragt, warum ein bestimmtes Fehlverhalten disziplinarische Konsequenzen nach sich gezogen hat, erhält man vom Jugendlichen in der Regel die Antwort, das wisse er nicht bzw. könne er sich auch gar nicht erklären. Sie fühlen sich dann ungerecht behandelt und unverstanden.

Dieses nicht altersangemessene Schuldbewusstsein ist keine Folge fehlender Erziehung, sondern ein logisches Ergebnis fehlender psychischer Entwicklung. Gäbe es diese Entwicklung, könnte man beobachten, dass ein Kindergartenkind in Konflikten ganz natürlich noch häufig nicht so recht einzusehen vermag, dass es zu einem Streit wesentlich selbst beigetragen hat, während ein Jugendlicher ebenso natürlich sehr wohl beurteilen könnte, inwiefern er Schuld an einer Auseinandersetzung trägt und inwiefern ein anderer.

An dieser Stelle wird klar, dass nur die Betrachtung des großen Ganzen dazu führen kann, dass wir unseren Alltag, unser Verhalten und unsere Einstellung zu den Dingen reflektieren und neu justieren. Für sich betrachtet, mag der enorme Druck des Erwachsenen für diesen manchmal eine Belastung sein, er selbst und auch sein Umfeld werden diesen Umstand nahe liegend auf individuelle Gründe zurückführen, da wir zum Rationalisieren neigen. Die Vermutungen gehen dann beispielsweise in Richtung Familiensituation oder beruflicher Stress. Das ist ganz normal: Wir suchen häufig nach Gründen, warum wir etwas machen. Was uns nicht klar ist: Zu einem sehr hohen Prozentsatz stimmen diese Gründe nicht, so nachvollziehbar sie auch zunächst klingen mögen, da die wahren Beweggründe für unser Verhalten sich häufig auf einer für uns unbewussten und nicht zugänglichen Ebene befinden.

Manchmal erlebe ich auch, dass Eltern den Zustand im Hamsterrad als positiv erleben. Sie empfinden sich subjektiv als effizienter, da sie viel mehr am Tag erledigen könnten. Auch auf ihr Kind bezogen werten sie diesen Zustand als förderlich. Für Eltern, die sich solchermaßen im Hamsterrad halten, bietet es sich geradezu an, auch bei den Kindern für ständigen Hochbetrieb zu sorgen. Scheinbar rationale Gründe wie Erhöhung der Chancen des Kindes, Förderung seiner Talente und ähnliche Dinge finden sich da immer schnell. Dass die emotionale und soziale Weiterentwicklung ihres Sohnes oder ihrer Tochter dabei auf der Strecke bleibt, merken sie gar nicht.

Letztlich hängt alles zusammen. Die Erkenntnis, dass dem Hamsterrad weniger individuelle Gründe als ein übergeordnetes gesellschaftliches Problem zugrunde liegt, wäre wichtig und entlastend für jeden Menschen, der diese Rotation spürt. Wenn also der Zusammenhang zwischen stark erhöhten sozialen Anforderungen und dem Terror durch Negativnachrichten klargeworden ist, lässt sich verstehen, wie sich dadurch in der Psyche der Hebel auf Katastrophenmodus umstellt. Würde dieser Hebel wieder in den Normalzustand zurückgestellt, würde das automatisch auch die Intuition zurückbringen, die vorher verloren gegangen ist. Und mit dieser Intuition wäre dem Kind gegenüber ein altersangemessenes Verhalten möglich, das diesem die Entwicklung erleichtert.

Nirgends ist innere Ruhe bei Erwachsenen so entscheidend wie im Umgang mit Kindern. Alle pädagogischen Bemühungen, Erziehungsstile und -modelle können sich nicht auswirken, wenn die Voraussetzungen für die Entwicklung der kindlichen Psyche nicht vorhanden sind.

Diese Zusammenhänge zu verstehen ist daher essenziell. Die gefühlte Überforderung des einzelnen Erwachsenen erscheint uns zunächst wie ein individuelles Problem, genauso, wie wir geneigt sind, Probleme mit Kindern der Erziehungshoheit der einzelnen Eltern zuzuweisen. Wir sehen jeden Tag, dass die hektische Suche nach irgendeinem »Ausgleichssport« oder Wellness-Urlaub nicht die Lösung für die Überforderung des Erwachsenen ist; genauso wenig, wie pädagogische Ideen grundlegende und nachhaltige Wirkung bei Kindern mit Entwicklungsstörungen zeigen. Zu viele reformpädagogische Versuche sind in den letzten Jahren durchgeführt worden, ohne dass sich eine spürbare Verbesserung der Situation von Kindern und Jugendlichen eingestellt hätte. So viel, wie hier schon reformiert wurde, müsste mittlerweile eigentlich jeder Schulabgänger mit Kusshand in die Berufswelt übernommen werden. Das Gegenteil ist oft genug der Fall. Es wäre daher schön, wenn sich die Erkenntnis durchsetzen würde, dass anstelle der Erziehung die Entwicklung der Kinder stärker in den Fokus der Aufmerksamkeit gehört.

Wie Langeweile Kreativität erzeugt

Wer Kinder hat, kennt die Situation und den dazugehörigen Spruch: »Mir ist soooo langweilig!« Das kann schon mal nervig sein, wenn man sich gerade darüber gefreut hat, dass sich das Kind für eine Weile alleine beschäftigt und man selbst sich um eigene Dinge kümmern kann. Aber haben

Sie auch in letzter Zeit mal darüber nachgedacht, wann Sie selbst eigentlich diesen Spruch zuletzt benutzt oder auch nur gedacht haben? Wann war Ihnen das letzte Mal so richtig langweilig?

Anders gesagt: Wann hatten Sie das letzte Mal das Gefühl, nicht unbedingt jetzt gleich dieses und jenes erledigen zu können, sich eine Aktivität suchen zu müssen, um beschäftigt zu sein? Ein Bekannter brachte es neulich auf den Punkt, als ich ihn nach seiner Assoziation zum Thema Langeweile fragte: »Langeweile?«, sagte er, »Langeweile gibt es heute eigentlich gar nicht mehr...« Und seine Frau sagte spontan: »Das bringe ich eigentlich nur noch mit meiner Kindheit in Verbindung, es ist wie eine entfernte Erinnerung an verflossene Kindertage.«

Die meisten von uns werden, ähnlich wie mein Bekannter, feststellen, dass dieses Gefühl entweder sehr lange her ist oder zumindest in ihrem Leben nur noch extrem selten vorkommt. Und wir haben uns angewöhnt, diese Tatsache als positiv zu verstehen. Langeweile wird häufig als unproduktiv, peinlich, als Zeichen von Interesselosigkeit, depressiv, belastend für die Mitmenschen und noch so einiges andere empfunden. Wir tun uns sehr schwer, mit dem Begriff etwas Positives zu verbinden und wieder mehr Mut zur Langeweile zu haben.

Es ist für viele Menschen heute selbstverständlich, dass wir Zeiten der Langeweile als Zeitverschwendung verstehen. Wir sind uns stets der Tatsache bewusst, dass wir zu wenig

Zeit haben, dass der Tag dringend mehr als 24 Stunden haben sollte, damit wir alles schaffen, was wir uns vorgenommen haben. Wenn dann Langeweile aufkommt, plagt uns sofort das schlechte Gewissen. Aus diesem Grund versuchen wir unbewusst, Langeweile zu eliminieren, sie zu bekämpfen wie eine lästige Krankheit.

Ich behaupte: Es ist Zeit für eine positive Wiederbelebung dieses Wortes und des damit zusammenhängenden Inhaltes. Das geht ganz einfach, wenn wir uns das Wort selbst anschauen und es in seine Bestandteile zerlegen. Lange-Weile, etwas dauert also länger als üblich, Zeit dehnt sich aus, der Mensch kann bei etwas verweilen, und zwar: lange. Dabei dient dieses Verweilen nicht unbedingt einem fest definierten Ziel, sondern ist gewissermaßen Selbstzweck. Obwohl wir heute der Meinung sind, in Langeweile-Phasen verlören wir Zeit, muss man eigentlich festhalten, dass sie in diesen Phasen stehen bleibt, ja, mehr noch, dass wir diese schönen langen Weilen nutzen können und sollten, um zurück zu uns zu kommen.

All das hier Gesagte wird bisweilen gern dem Begriff der Muße zugeschrieben. Eine Freundin sagte mir gar, Langeweile sei »die böse Schwester der Muße«. Ich denke, dass der Unterschied in der Absicht liegt. Langeweile tritt unbeabsichtigt auf, und es kommt vor allem darauf an, sie anzunehmen, wenn sie da ist, und als Chance zu begreifen. Daraus erst kann dann Muße entstehen, die ich als bewusst gesuchte und genutzte Form von Langeweile definieren würde.

Muße: Lust, Glück und wahres Leben

Muße ist quasi eine verfeinerte Form der Langeweile. Sie macht glücklich, doch nicht nur das, sie kann auch, quasi als Begleiterscheinung, enorm produktive Folgen haben.

In unserer Kindheit hatten wir meist einige wenige Lieblingsbücher, etwa eine Serie mit einem bestimmten Helden. Obwohl es so viele andere Bücher gibt, lasen wir diese Lieblingsbücher immer und immer wieder, wir zogen uns zurück mit den Figuren, freuten uns mit ihnen, litten mit ihnen und entdeckten bei jeder Lektüre eine neue Facette der Geschichte.

Später dann, mit dem Erwachsenwerden, änderte sich das. Wann haben Sie zuletzt ein Buch zum zweiten oder dritten Mal gelesen, weil sie es so schön fanden? Dem einen oder anderen mag das bisweilen gelingen. Die meisten von uns würden vielleicht schon gerne mal wieder ein Lieblingsbuch erneut in die Hand nehmen, lassen das jedoch bleiben, weil ihnen ständig der Gedanke an all die anderen Bücher im Nacken sitzt, die sie in derselben Zeit nicht lesen können. Oder eben der Gedanke an all die Dinge, die man in der Zeit der Lektüre hätte erledigen können …

Die Überlegung, die dabei fehlt, ist folgende: Welchen Nutzen ziehen wir aus dem Versuch, möglichst viel in möglichst kurzer Zeit zu erledigen? Ist dieser Nutzen wirklich höher, als wenn wir uns auf eine Sache tatsächlich einlassen? Anders gesagt: Warum kommen wir gar nicht mehr auf den

Gedanken, dass manches Mal die dreifache Lektüre desselben Buches einen größeren Effekt haben kann als das atemlose Durchhecheln dreier verschiedener Bücher in der gleichen Zeit?

Dieser Gedanke ist uns wohl daher fremd geworden, weil wir Sinn und Zweck von Wiederholungen nicht mehr präsent haben. Wer ständig nur nach vorne schaut und neue Dinge machen will, hat die alten oft noch gar nicht verarbeitet. Man merkt das etwa am soliden Halbwissen, mit dem heute in vielen Bereichen gearbeitet wird und mit dem viele hoffnungsvolle Ansätze verdorben werden.

Wiederholungen jedoch haben seit je eine wichtige Funktion. Sie zeigen nicht etwa auf, dass jemand etwas nicht verstanden hat, zu langsam ist oder begriffsstutzig. Sie sorgen vielmehr für das Gerüst unserer Orientierung im Leben. Anders formuliert: Ein ausgeglichener Mensch ist einer, der denselben Fehler zweimal machen kann, ohne nervös zu werden.

Die regelmäßigste Wiederholung, die wir haben und auf die wir keinen Einfluss nehmen können, ist die Wiederholung des Tagesablaufes. Jeder Tag hat 24 Stunden, jede Stunde 60 Minuten, jede Minute 60 Sekunden. Morgens wird es hell, abends wieder dunkel, und niemand hat es bisher geschafft, diese Abläufe zu beschleunigen. Diese Verlässlichkeit strukturiert unser Tun. Weil sich die Taghelligkeit täglich wiederholt, weiß ich sicher, dass ich zu einem bestimmten Zeitpunkt eine Sache unternehmen kann, für die ich Helligkeit brauche. Und eine Nachtwanderung könnte ich niemals planen, wenn ich nicht sicher sein könnte, dass es zu einem bestimmten Zeitpunkt dunkel genug dafür ist.

Wiederholungen sind in der Kindesentwicklung von großer Wichtigkeit. Eine Voraussetzung für die Entwicklung der Psyche ist das Erleben von immer wieder gleichen Abläufen, die zuständigen Nervenzellen »lernen« so die Aufgabe, für die sie gebraucht werden. Man muss sich das so vorstellen, dass diese Nervenzellen alle bereits gebildet sind, jedoch noch auf ihre Bestimmung warten. Sie müssen gewissermaßen mit Inhalt gefüllt werden, um ihre Aufgabe erfüllen zu können. Da dies beim Kleinkind noch nicht der Fall ist, ist sein Gehirn diffus und sucht beständig nach Orientierung. Es braucht immer gleiche Abläufe, ein acht Monate altes Kind etwa kann schon ein wenig aus dem Gleichgewicht geraten, indem es unruhig wird und sich nicht wohlfühlt, wenn beim Baden die Quietsche-Tierchen nicht immer an der gleichen Stelle liegen. Auch Erwachsenen helfen Wiederholungen; Rituale sind wichtig, gleiche Abläufe dienen dazu, Sicherheit zu empfinden und innerhalb dieser Sicherheit produktiv sein zu können.

Was hat nun Wiederholung mit Muße zu tun? Nun, für Wiederholungen braucht man Muße. Ruhe, um sich auf eine Sache ein zweites oder drittes Mal einzulassen und neue Seiten zu entdecken. Erst mit dieser Ruhe bei der Wiederholung verschwindet auch das schlechte Gewissen, das uns heute immer plagt, wenn wir uns nicht dem Neuen widmen.

Dabei kommt heute noch etwas anderes hinzu. Das Wort, das die Fähigkeit zur Muße am meisten unter Druck bringt, ist Multitasking. Mehrere Dinge gleichzeitig zu machen und jedes Einzelne auch noch mit zählbarem Erfolg, gilt heute vielen Menschen als höhere Entwicklungsstufe der Menschheit. Um den Denkfehler dabei zu verstehen, helfen zwei Experimente, die Wissenschaftler mit einer Gruppe von Probanden durchführten.

Im ersten wurde dabei die Hirnaktivität der Teilnehmer gemessen, und zwar einmal beim Anhören einiger Sätze und dann beim Betrachten sich drehender Objekte. Anschließend sollten sie beide Anforderungen gleichzeitig erfüllen. Ergebnis: Die Hirnaktivität für die Wahrnehmung der Sätze fiel um 29 Prozent, diejenige für die Betrachtung sogar um 53 Prozent.

Im zweiten Experiment ging es um die Zeit, also das beliebteste Argument für das Multitasking. Die Teilnehmer sollten Aufgaben einmal nacheinander lösen und beim zweiten Mal gleichzeitig an zwei Problemen arbeiten. Im Ergebnis brauchten die Multitasker 40 Prozent mehr Zeit.[28]

Das Multitasking treibt die Ablehnung der Wiederholung auf die Spitze. Nicht nur, dass eine Sache nicht zweimal gemacht werden darf, sie muss sich die Zeit zu ihrer Erledigung auch noch mit möglichst vielen anderen Sachen tei-

---

28. vgl. Schäfer, Annette: So bleiben Sie bei Kräften. In: Psychologie Heute compact 27/2011. S. 81.

len. Dass weniger Zeit zu ihrer Erledigung der Sache an sich dabei nicht unbedingt guttut, versteht sich eigentlich von selbst, wird aber weitestgehend ignoriert.

Was zählt, ist die Menge der erledigten Aufgaben, nicht primär, wie gut sie erledigt wurden. Ja, eigentlich scheint es nicht mal so wichtig, ob die Aufgabe überhaupt hätte erledigt werden müssen, sie ist längst Selbstzweck geworden, um Produktivität demonstrieren zu können. Quantität vor Qualität. Frank Schirrmacher stellt dazu fest: »Es [das Multitasking] hat einen ganzen Kult des modernen Menschen ausgelöst und übt einen enormen sozialen Druck aus.« Für Schirrmacher folgt daraus: »Alles spricht dafür, dass Multitasking Körperverletzung ist.«[29] Wie er weiter ausführt, senkt Multitasking letztlich die Produktivität des Menschen, da es ihn in einer Weise überfordert, die er auch nicht durch Lernprozesse überwinden kann. Schirrmacher: »Multitasking ist der zum Scheitern verurteilte Versuch des Menschen, selbst zum Computer zu werden.«

Ich würde jedoch noch einen Schritt weiter gehen. Denn jeder, der häufig einen Computer bedient, weiß, dass auch dieser nicht unbegrenzt multitaskingfähig ist. Je mehr Programme, Downloads etc. gleichzeitig auf meinem Rechner laufen, desto langsamer wird dieser, vielleicht kommt es sogar zu einem Systemabsturz. Warum? Weil die Rechen- und Speicherkapazität nicht ausreicht. Nun kann man beim

---

29. Schirrmacher, Frank: Payback. München: Blessing 2009. S. 69.

Computer in der Regel Speicherplatz, also Leistungsfähigkeit nachkaufen und einbauen, sodass hinterher besseres Multitasking möglich ist. Irgendwann wird angesichts höherer Anforderungen der Rechner jedoch auch mit dem neuen Speicher wieder in die Knie gehen. Das geht immer so weiter, eine Spirale ohne Ende.

Auf den Menschen übertragen bedeutet das: Es ist ein Irrglaube der heutigen Zeit, ständiges Bemühen darum, immer mehr Dinge gleichzeitig zu erledigen, führe zu höherer Produktivität. Das Gegenteil ist der Fall. Die Konzentrationsfähigkeit sinkt, die einzelnen Leistungen werden schlechter, auch die Zeit zu ihrer Erledigung wird eher länger.

Der Hirnforscher Gerhard Roth hat zu diesem Thema eine einleuchtende Erklärung geliefert. Die ständige Überreizung des Gehirns mit vielen gleichzeitigen oder schnell aufeinanderfolgenden Reizen lege dieses gleichsam lahm, denn der Mensch sei schlicht und ergreifend nicht in der Lage, mehr als einen Gedanken gleichzeitig zu verfolgen. Das führe zu Gehirnstau und Denkblockade. Was Roth im bereits zitierten SPIEGEL-Artikel (vgl. S. 123f.; Roth-Zitat S. 51) formuliert, gilt sinngemäß für jeden von uns. Wenn wir sagen, wir könnten »keinen klaren Gedanken mehr fassen« (eine Formulierung, die zunehmend aus der Mode zu kommen scheint), dann liegt das in der Regel daran, dass zu viele Gedanken im Raum schweben, die eben das Fassen des *einen*, des klaren Gedankens verhindern.

Muße hingegen würde das Qualitätsmerkmal in den Vordergrund stellen. Wer Muße hat, etwas zu tun, der wird es angemessen und gut ausführen. Im besten Fall dauert die Erledigung eben so lange, wie sie dauern muss. Dabei ist es egal, ob es um die Herstellung eines Produktes, die Erledigung einer Dienstleistung oder auch nur um vorbereitende Gedanken für all das geht. Muße bedeutet die richtige Betriebstemperatur für den menschlichen Geist, der im Normalbetrieb unter Dauerüberhitzung zu leiden hat.

Wer Muße hat, wird Wiederholungen als das ansehen, was sie sind: als hilfreich zur Prüfung des bisher Gedachten und Gemachten und orientierend für das Neue, das aus dem Bisherigen resultieren soll. Oder mit Aldous Huxley gesprochen: »Sechsundsechzigtausend Wiederholungen machen eine Wahrheit.« Wiederholungen entstehen aus Erinnerungen, wenn ich etwas wiederhole, habe ich es bereits einmal gemacht und mache es noch einmal. Es handelt sich also um eine Bewegung in zweifache Richtung: Ich muss nach hinten greifen, aber nur, um zukünftig angenehmer leben zu können. Dieser Gedanke ist nicht neu, Kierkegaard hat ihn bereits im 19. Jahrhundert formuliert: »Wiederholung und Erinnerung sind dieselbe Bewegung, nur in entgegengesetzter Richtung. Denn was da erinnert wird, ist gewesen, wird nach rückwärts wiederholt, wohingegen die eigentliche Wiederholung nach vorwärts erinnert.«[30]

---

30. Kierkegaard, Sören: Die Wiederholung. Hg. v. Lieselotte Richter. Reinbek: Rowohlt 1961. S. 7.

Wiederholungen produzieren, wie bereits erwähnt, noch ein weiteres Gefühl, das der Muße zuträglich ist: Sicherheit. Das lässt sich am besten anhand des Begriffs der Rituale erkennen. Die meisten von uns haben ihre kleinen täglichen oder wöchentlichen Rituale (und auch diese sind in immer stärkerem Maße von der Atemlosigkeit und dem vermeintlichen Zeitmangel bedroht). Sie dienen als Ankerpunkte im Strom des Alltags, in dem wir mitschwimmen und nicht unterzugehen versuchen. Das können ganz kleine Dinge sein: die Tasse Kaffee am Vormittag, die immer zur selben Zeit den Arbeitstag einläutet. Die Mittagspause zu einer bestimmten Zeit, vielleicht auch immer mit denselben Kollegen. Oder, ganz besonders, das abendliche Vorlesen beim Zubettbringen der Kinder: ein doppeltes Ritual, denn natürlich brauchen die Kinder diesen Moment der Zweisamkeit mit Mutter oder Vater, aber genauso ist es auch für den vorlesenden Elternteil Gelegenheit, zur Ruhe zu kommen, ganz bei sich und dem Kind zu sein.

Diese drei Beispiele dürften so allgemein gehalten sein, dass viele von uns sich wiedererkennen. Und gleichzeitig lässt sich unschwer erkennen, wie bedroht diese Rituale sind. Die Tasse Kaffee am Vormittag? Bedroht vom Chef, der schon beim Reinkommen die ersten fünf Arbeitsaufträge erteilt hat, bedroht vom eMail-Programm, das beim Öffnen mindestens vier dringend zu beantwortende Mails anzeigt. Also bleibt der Kaffee in der Kanne, nicht so schlimm, denkt man sich, kann ja mal passieren.

Was man nicht merkt, weil es schleichend passiert: Man gewöhnt sich daran, das Ritual abgeschafft zu haben, und wundert sich vielleicht zwischendurch mal darüber, warum man den Arbeitstag mittlerweile schon mit einem Stresslevel beginnt, den man sonst frühestens nach ein paar Stunden erreicht hatte. Das Mittagessen? In vielen Büros ist es heute eine besondere Auszeichnung, die Mittags-»Pause« essend und trinkend am Schreibtisch zu verbringen. Je mehr Krümel des morgens hastig gekauften belegten Brötchens in die Tastatur fallen, desto produktiver ist der Mitarbeiter. Gewissermaßen der Krümel-Faktor der Leistungsfähigkeit. Selbst das abendliche Vorleseritual scheint oft bedroht durch all die Dinge, die den Eltern dabei im Hinterkopf herumschwirren, weil der Abend eigentlich noch für diese und jene Überlegung reserviert ist. Man liest dann zwar vor, ist aber in Gedanken schon wieder am Computer. Kinder spüren das sehr stark, wenn die Zuwendung nur äußerlich stattfindet, der eigentliche positive Effekt des Vorlesens ist dann schon fast verloren.

Was wir dabei kaum bemerken, ist der seltsame Effekt, dass uns all dieser Stress mittlerweile willkommen erscheint. Dieses Paradox nehmen wir meist erst dann wahr, wenn es mal keinen Stress gibt und bei uns statt der zu erwartenden Ruhe eine innere Unruhe entsteht. Wenn das so ist, haben wir es genau mit dem beschriebenen Effekt zu tun, dass die Psyche auf Katastrophenmodus umgestellt hat und versucht, dieses Niveau im Hamsterrad zu erhalten. Wir stöhnen zwar über all die Anforderungen, die auf uns einprasseln, sind aber unbewusst stets auf der Suche nach neuem Stress, um weiterrennen zu können.

Wenn wir verstehen würden, dass hier von uns selbst unmerklich an den Stellschrauben gedreht wird, die mittelfristig für die ganze Gesellschaft von Bedeutung sind, weil die negativen Auswirkungen sich bis auf die Kinder erstrecken, wäre schon viel gewonnen.

Ein Gespräch mit Margot Käßmann – Halt im Glauben finden

Im Zuge der vielen Gespräche, die ich für dieses Buch mit den unterschiedlichsten Menschen geführt habe, bat ich auch die ehemalige EKD-Ratsvorsitzende Margot Käßmann um Antworten auf einige wesentliche Fragen. Da der Glaube für viele Menschen immer noch eine Möglichkeit der Orientierung wie auch des Rückzugs bietet, war es spannend zu erfahren, welche Möglichkeiten eine exponierte kirchliche Person wie Margot Käßmann sieht, um zu sich zu kommen und innere Ruhe zu erlangen.

Ein Kennzeichen unserer Mediengesellschaft ist die überbordende Informationsflut, mehr noch: immer mehr Krisen- und Katastrophenmeldungen.
Meine These ist, dass diese hauptverantwortlich für eine ge-

fühlte psychische Überforderung der Menschen sind und sie nicht mehr zur Ruhe kommen lassen. Wie beurteilen Sie die Situation? Stellen Sie einen solchen Effekt bei sich oder in Ihrem Umfeld fest?

Ich denke, die Mediendurchflutung ist in der Tat ein Problem. Als ich Kind war, begann das Fernsehprogramm um 16 Uhr und endete um 24 Uhr mit Standbild und Nationalhymne. Es gab nur zwei Programme. Heute gibt es auch hier kein gemeinsames Erleben mehr, und für Eltern ist es ungeheuer schwer, mit der Medienwelt pädagogisch verantwortlich umzugehen. Das kostet sehr viel Kraft. Allerdings finde ich all den Pessimismus auch fatal. Jede Generation meint: Früher war alles besser. Ich bin zutiefst überzeugt, wenn Menschen andere Interessen haben: Musik, Sport, Spiel, Gemeinschaft, Kirche, soziales Engagement, dann treten Medien in den Hintergrund.

Welche Strategien sehen Sie, es den Menschen zu ermöglichen, wieder »zu sich« zu kommen? Wie kann man dem Hamsterrad entkommen?

Als Christin ist für mich der gelebte Glaube natürlich entscheidend. Gebet, Lesen in der Bibel, Gottesdienst, Meditation, Zeiten der Stille. Ich denke, wer sein Leben vor Gott verantwortet, lebt anders. Viele suchen eine Auszeit, etwa im Kloster. Aber ich kann auch meinen Alltag so gliedern, dass ich nicht im Hamsterrad verloren gehe, sondern immer wieder Möglichkeiten finde, Luft zu holen, zu fragen, was entscheidend ist in meinem Leben.

Wie hat sich das kirchliche Umfeld unter dem Eindruck des technologischen Fortschritts und der unkontrollierbaren Infoflut entwickelt?

Viele Menschen schätzen die Ruhe und die Kraft kirchlicher Spiritualität neu. Und gleichzeitig versucht die Kirche, die neuen Medien zu nutzen. Etwa durch Seelsorge online, Blogs, einen eigenen Auftritt im Internet.

Ist in der kirchlichen Beratungspraxis ein erhöhter Bedarf hinsichtlich von Problemen erkennbar, die auf eine psychische Überforderungssituation zurückgehen?

Unsere Seelsorger erleben, dass viele Menschen Seelsorgeangebote suchen. Gerade die Telefonseelsorge ist da von unschätzbarer Bedeutung. Aber auch in Briefen erfahre ich, wie viele Menschen Sehnsucht danach haben, dass ihnen jemand zuhört, Zeit für sie hat.

Was kann Kirche aus ihrer spezifischen Kompetenz heraus tun, um Menschen in Überforderungssituationen Halt zu geben?

Zeit und Gemeinschaft sind entscheidende Faktoren. Die gibt es in Kirchengemeinden, in der Seelsorge und in der Glaubenszusage: Dein Leben macht Sinn. Auch wenn du selbst nicht leistungsfähig bist, deine Lebensträume zerfallen – du bist eine angesehene Person, weil Gott dich ansieht. Wer sich so in der eigenen Würde bestätigt weiß, hat eine ganz eigene Lebenskraft.

Wie gehen Sie selbst damit um, wenn Sie bemerken, dass zu viel auf Sie einstürzt?

Ich suche Rückzug, Stille und Ruhe. Bin im Gespräch mit Gott, bete. Und vielleicht singe ich ein wunderbares Lied wie »Befiehl du deine Wege«.

Glauben Sie, dass Menschen, die stärker im Licht der Öffentlichkeit stehen, besondere Strategien der Stressbewältigung entwickeln, die auch für »Otto Normalverbraucher« einsetzbar sind?

Sie entwickeln im Laufe der Zeit hoffentlich ein dickeres Fell. Wie singen die »Ärzte«: »Lass die Leute reden…«

Unterscheidet sich das, was Sie in Ihrer Funktion als Kirchenfrau Ratsuchenden sagen, von dem, was Sie privat Freunden raten würden? Falls ja, in welcher Hinsicht?

Auf keinen Fall! Ich fände es sehr merkwürdig, wenn eine Person in amtlicher Funktion anders spricht und handelt als privat. Mich hält und trägt mein Glaube. Und ich habe erlebt, dass der Satz »Du kannst nicht tiefer fallen als in Gottes Hand«, mit dem ich Krisen thematisiert habe, für viele Menschen wichtig war.

In den Antworten von Margot Käßmann finden sich einige Schlüsselwörter für die hier dargestellten Zusammenhänge. Ruhe und die daraus folgende Kraft sind Ziele, die durch ein Bewusstsein für den Katastrophenmodus in unserer Psyche wieder erreicht werden können. Mit diesem Bewusstsein können wir den Hebel umlegen, der die Psyche wieder in den Normalzustand versetzt. Die »Gliederung des Alltags« gelingt dann wieder ganz automatisch, wenn der Hebel umgelegt ist. Nicht so viel wie nur möglich und alles auf einmal machen, sondern das, was zu schaffen ist, konzentriert erledigen und Dinge vertagen können, ohne sie ewig vor sich her zu schieben: Das wird dann wichtig, wenn wir wieder in die Ruhe hineingekommen sind und unsere Psyche aus dem Katastrophenmodus herausgeholt haben.

Sinnsuche und Ruhe sind wichtig – funktionieren aber erst, wenn das Hamsterrad still steht

Wer heute entspannen will, kann sich nicht einfach aufs Sofa setzen und die Füße hochlegen. Eine ganze Industrie lebt davon, uns mit Hochdruck etwas zu verkaufen, was unserer Entlastung dienen soll. Diese Wellness-Industrie suggeriert: Egal, welchen Belastungen du ausgesetzt bist, du kannst anschließend die Entspannung einkaufen. Dieses Einkaufen funktioniert wie bei den Lebensmitteln für den täglichen Bedarf. Es gibt einen virtuellen Supermarkt der Wellness-Möglichkeiten, aus dessen Regalen wir uns zusammenstellen können, was uns Ruhe und Gelassenheit bringen soll. Hier ein Stückchen Hochgebirgs-Wandern, dort eine Scheibe Aktiv-Urlaub, und vielleicht auch noch eine Prise Rückzug ins Kloster.

Gemessen an der Menge an Optionen, die dieser Wellness-Supermarkt bereithält, ist die Unzufriedenheit und Stressbelastung in der Bevölkerung allerdings immer noch sehr hoch. Ganz so einfach kann es also anscheinend nicht funktionieren; die bloße Verfügbarkeit solcher Entspannungsangebote führt nicht automatisch zum gewünschten Effekt. Im Grunde ist sie sogar überwiegend kontraproduktiv.

Ich habe bisher viel über die Hintergründe geschrieben, die für unsere Dauerstressbelastung heute verantwortlich sind. Mediale Negativnachrichten in Kombination mit zum Teil erheblichen Veränderungen in der Gesellschaft sorgen dafür, dass in der Psyche der Hebel auf Katastrophe umgestellt wird und der Mensch dauerhaft im Hamsterrad steckt. Obwohl diese Rahmenbedingungen für uns alle gleich sind, kennt sicherlich jeder den einen oder anderen Menschen, für den die beschriebenen Hamsterrad- und Katastropheneffekte kaum zutreffen. Menschen, die scheinbar spielend mit den vielfältigen Belastungen fertig werden, gut gelaunt den höchsten Anforderungen entgegentreten und bei allem Stress nie den Anschein erwecken, irgendwie »getrieben« zu sein.

Es verhält sich hier wie bei meinen Aussagen über die Entwicklung der Psyche im Kinder- und Jugendalter auch: Ich beschreibe ein Phänomen, das eine gefährliche Dynamik entwickelt hat und zu einer Bedrohung für den Zusammenhalt der Gesellschaft, wie wir sie kennen, geworden ist. Damit ist nicht gesagt, dass *alle* Kinder und Jugendlichen diesen Entwicklungsstörungen im emotionalen und sozialen Bereich unterliegen. Und ebenso wenig bedeutet es, dass *alle* Erwachsenen sich im ständigen Katastrophenmodus befinden.

Sinnsuche und Ruhe sind wichtig...

Woran also könnte das liegen? Stellen Sie sich einen Notarzt vor, ein Beispiel, das ich aus meiner beruflichen Laufbahn sehr gut kenne. Der Notarzt hat für die Zeit seines Dienstes 24-Stunden-Rufbereitschaft, jederzeit könnte das Telefon klingeln oder sein Pieper signalisieren, dass eine lebensbedrohliche Situation eingetreten ist, in der er sofort handeln muss. Oft steht er dabei unter dem zusätzlichen Stress, dass ein einziger Fehler im schlimmsten Fall Menschenleben kosten könnte. Dieser Notarzt steht also im Grunde genau vor einer Situation, wie ich sie hier für unser Alltagsleben als dauerhaft beschrieben habe. Die nächste Katastrophe steht jederzeit vor der Tür, dauerhafte Aufmerksamkeit ist gefordert, die Psyche des Arztes ist über einen langen Zeitraum ständig hochgedreht und hat kaum Möglichkeiten, zur Ruhe zu kommen.

Es mag Ärzte geben, die dieser Belastung irgendwann nicht mehr gewachsen sind, aber in der Regel sind die Notdienste für einen Arzt wenig mehr als normaler Bestandteil seiner beruflichen Tätigkeit. Er steckt sie weg und ist ohne größere Beeinträchtigungen in der Lage, übers Jahr verteilt viele dieser Dienste zu übernehmen.

Der Arzt verwendet zur Bewältigung dieses Stresses eine unbewusste Strategie, die seiner Psyche hilft, keinen Schaden zu nehmen. Er distanziert die Belastung, lässt sie nicht an sich herankommen, fühlt sich trotz der notwendigen Hinwendung zum Patienten in jeder Sekunde abgegrenzt vom konkreten Fall. Es gibt für sein Handeln einen klar abgesteckten Rahmen, der für die notwendige Struktur sorgt. Zum einen gibt es eine zeitliche Begrenzung des Stresses und der Katastrophensituation. Zum anderen ist und bleibt der Patient bei aller menschlichen Nähe immer auch ein »Fall«.

Das mag im ersten Moment etwas befremdlich klingen, erwartet man doch gerade von einem Mediziner immer auch gewisse seelsorgerische Qualitäten, also eben gerade die Fähigkeit, den Patienten nicht nur als »Fall« zu betrachten, sondern auch als Menschen. Das ist eine richtige Erwartungshaltung, und jeder Arzt wird, so gut es geht, versuchen, dieser Forderung gerecht zu werden.

Jeder Arzt hat jedoch verschiedene Patienten, und auch für den Notarzt stehen im Laufe eines Notdienstes häufig genug ganz unterschiedliche Notfälle an. In jedem einzelnen die richtigen medizinischen Entscheidungen zu treffen, Leben zu retten und sich anschließend gleich wieder auf einen neuen Fall einzustellen, das ist nur möglich, wenn der Arzt distanziert und eine unsichtbare Trennlinie zwischen ihm und dem Patienten existiert.

Was bedeutet das für das Thema dieses Buches? Es kann nicht die Stresssituation allein sein, die den Menschen überfordert und ins Hamsterrad treibt. Wäre das so, müsste jeder Notarzt früher oder später durchdrehen. Die meisten Ärzte absolvieren diese Dienste jedoch ohne Probleme immer wieder, selbst wenn sich nicht leugnen lässt, dass manche Ereignisse in dieser Zeit sehr belastend sein können.

Daraus kann man aber den Schluss ziehen, dass auch die

zunehmende Belastung, die die meisten von uns im Alltag erfahren, normalerweise durchaus zu bewältigen wäre. Diese Belastung ist aber eben nur dann zu bewältigen, wenn der Mensch sich seiner Mitte noch gewiss ist, wenn er in sich ruht und negative Dinge zu distanzieren versteht.

Die weitaus meisten Menschen haben über diese Fähigkeit früher immer automatisch verfügen können, weil es Pausen gab und nicht den katastrophalen Daueralarm unserer Tage. Das Bombardement mit Negativnachrichten, dem wir uns heute kaum entziehen können, sorgt für eine simulierte Katastrophensituation, der unsere Psyche irgendwann nicht mehr gewachsen ist. Die Psyche schaltet an einem bestimmten Punkt um auf »Katastrophe« und versucht fortan, diesen Zustand zu erhalten.

Was ich also beschreibe, ist eine Art fataler Rückkopplung in der Psyche, die diese in einen von den äußeren Umständen her gar nicht notwendigen Zustand versetzt. Mit dieser Erkenntnis wird klar, warum ich hier nicht darüber schreibe, wie man im Einzelfall einen »Burn-out«, einen Zusammenbruch oder andere offensichtliche Stressfolgen behandelt.

Mir geht es um ein gesellschaftliches Phänomen, das unser aller Zusammenleben mittel- und langfristig in den Grundfesten erschüttern könnte. Gerade auch die beschriebenen Auswirkungen auf die Entwicklung von Kindern und Jugendlichen, denen eine psychische Reife, wie sie heute die meisten Erwachsenen noch besitzen, gar nicht mehr ermöglicht wird, stellen eine große Gefahr dar. Dort ist gewissermaßen die Sollbruchstelle, an der die Bedeutung sichtbar wird, die die beschriebenen Phänomene über Einzelschicksale hinaus haben.

Wenn es nur einzelne Erwachsene wären, deren Psyche im Katastrophenprogramm läuft, würde ich das hier nicht thematisieren. Wenn das jedoch auf viele zutrifft, kann es sich auf die gesamte nachfolgende Generation auswirken.

Wir können uns nicht gegen den technischen Fortschritt stemmen, auch nicht gegen den medialen Wandel. Der Mensch will immer nach vorne denken, sich weiterentwickeln, neuen Input bekommen. Das liegt in seiner Natur, ohne diese Tatsache gäbe es auch all die positiven Erfindungen der letzten Jahrtausende nicht, die der Menschheit immer wieder auch ihr Überleben gesichert haben. Das Ziel kann also nicht sein, Fortschritt zu verhindern, sondern Ziel muss sein, den Menschen zu ermächtigen, mit dem Fortschritt leben zu können. Das kann er jedoch nicht, wenn er sich selbst in einem Maße verliert, wie ich es hier analysiere. Der im Katastrophenmodus lebende Mensch denkt irgendwann nur noch an sich und das eigene Überleben und ist in Gefahr, seinen Status als soziales Wesen, das in der Gemeinschaft erst für den genannten Fortschritt sorgen kann, zu verlieren.

Was können wir tun?

»Nein, Dauergalopp ist kein Synonym für Leben.«
(Statuseintrag eines Users auf seiner Facebook-Seite)

Auch der ständige Wechsel, die eigentlich irritierende Unbeständigkeit der Gesellschaft wird von unserer Psyche als stabilisierender Faktor genutzt. Aus diesem Grund können wir auch oft nicht einfach so sagen, eine Mode interessiere uns nicht. Der schöne Spruch »Was ich nicht weiß, macht mich nicht heiß« gilt heute kaum noch. Das Gefühl, Dinge nicht zu wissen, dominiert und macht uns damit erst recht heiß, weil es uns die Gefahr suggeriert, abgehängt zu werden. Unsere hochgedrehte Psyche rotiert unablässig, und braucht das zur Stabilisierung auch. Die Unwägbarkeiten des Lebens, die uns so stressen, sind ihr also hochwillkommen.

Gibt es eine dauerhafte Lösung des Dilemmas? Können wir dem Hamsterrad entkommen und verhindern, gleich wieder einzusteigen? Ich behaupte: Ja, das geht. Allerdings nicht durch das Abarbeiten von Ratgeber-Checklisten. Dass

Entspannung und Ruhe notwendig sind, um diesen Wiedereinstieg zu verhindern, ist klar. Dass wir abschalten müssen, ist ebenfalls klar. Aber wie geht das?

Wir müssen uns Gedanken über die Reihenfolge machen. Der Gedanke, Entspannung und Ruhe schnell und sicher durch ein paar einfache Strategien finden zu können, ist verlockend, überspringt jedoch den Schritt der Bewusstwerdung über die Mechanismen, die uns in den Katastrophenmodus geführt haben. Daher suchen wir die Entlastung häufig auf den falschen Wegen, weil wir dann immer noch aus dem Hamsterrad heraus agieren und krampfhaft überlegen, wie wir die Stressbefreiung am effektivsten einkaufen und organisieren. Abschalten geht eben nicht einfach so:

»Abschalten – das klingt einfach. Wir müssen uns zunächst der schleichenden Bedrohung unseres begrenzten Zeit- und Aufmerksamkeitsbudgets durch tausend Zeitdiebe und Ablenkungen bewusst werden. Und wir müssen uns fokussieren auf die eigenen Stärken und Interessen, auf die Menschen, die uns etwas bedeuten. Erst wenn wir das buchstäbliche Abschalten und Ausschalten von Informationen und Stimulationen nicht mehr als Verzicht oder Verlust empfinden, werden wir freier. Und dann wird es leichter, auch im übertragenen Sinne einfach mal abzuschalten.«[31]

---

31. Ernst, Heiko: a. a. O. S. 13.

Bewusst werden, fokussieren, abschalten. Begriffe in diesem kleinen Zitat, die mir wichtig und richtig erscheinen. All das können wir jedoch nur selbst schaffen, es ist ein Irrglaube, auch das einfach einkaufen zu können, um Zeit zu sparen.

Bewusster die Kontrapunkte setzen

Ich habe die Wellness-Industrie angesprochen, die vielfältigen Angebote, die von außen auf uns einstürmen, um vermeintlich wieder zur Ruhe zurückzukehren und »runterzukommen«. Viele dieser Angebote halten uns aber letztlich nur im Hamsterrad, wir benutzen sie unbewusst, um eben nicht »aussteigen« zu müssen, sondern auch in der freien Zeit, die eigentlich der Muße dienen sollte, noch etwas zu tun zu haben. Weil wir das Nichtstun, und damit uns selbst, nicht aushalten, sind wir dankbar für all diese Möglichkeiten, drohende Ruhephasen mit Aktivität vollzustopfen.

Diese Industrie lebt davon, dass sie uns scheinbar Wohlbefinden verkauft. Die Menge an Wellness-Angeboten ist schier unüberblickbar geworden, was jedoch – siehe Freiheit der Auswahl – gleich auch schon wieder Teil des Problems ist.

Wer sich gestresst fühlt, dem wird suggeriert, er müsse aktiv dagegen vorgehen und sich ein maßgeschneidertes Entspannungsangebot heraussuchen, das ihn von seiner Last befreien wird. Dabei erzeugt nicht nur die Menge an Möglichkeiten neuen Druck, sondern auch das Gefühl, sich gar nicht gegen ein solches Angebot entscheiden zu können, ohne dem eigenen Körper und Geist damit etwas Schlechtes anzutun.

Doch auch, wenn ich diese Gefahr erkannt und mir bewusst gemacht habe, wie viele Dinge wir nur aus Angst tun, in ein Loch zu fallen, wenn wir eine echte Pause machen würden, sind wir damit nicht automatisch aus dem Schneider.

Im Gegensatz zu früheren Zeiten, in denen die Pause, die Muße oder auch das »dolce far niente« noch zu den Selbstverständlichkeiten gehörten und die Psyche im Gleichgewicht hielten, müssen wir uns heute diese Punkte viel bewusster suchen. Das kann zu Beginn durchaus ein schmerzhafter Prozess sein. Wer seit Langem im Hamsterrad läuft und nun zum ersten Mal seit langer Zeit wieder bewusst versucht, einfach nur einen längeren Spaziergang zu machen, wird merken, wie ihn sehr bald Unruhe erfasst und der Drang, sich irgendeine Ablenkung zu verschaffen, fast übermächtig wird.

Das bedeutet: Gerade die Aktionen, von denen man sich eine Rückkehr zur Ruhe erhofft, werden am Anfang vielleicht die größte Unruhe auslösen. Diese Unruhe jedoch löst sich sehr schnell auf und wird abgelöst durch etwas, was in vielen Fällen wirklich schon in Vergessenheit geraten ist: durch echte Entspannung, das Gefühl, sich selbst zu genügen und nicht mehr diese unheimliche und unsichtbare Kraft zu spüren, die einen immer weiter und weiter drängt und einem das Gefühl verleiht, überhaupt nicht mehr innehalten zu können.

Die Kontrapunkte also, die wieder Distanz schaffen und uns in die Ruhe und Gelassenheit, also auch in die Intuition zurückbringen, diese Kontrapunkte müssen wir heute gezielt setzen. Das bedeutet aber auch, dass sie jeder für sich selbst suchen muss, weil nur jeder für sich selbst spürt, was ihm guttut und was nicht.

Es spricht nichts dagegen, die Ruhe in der Lektüre eines Buches zu finden. Wenn aber die Lektüre des Buches nur dazu dient, aufkommende Leere zu füllen, ist sie unter Umständen auch nur Ausdruck des Hamsterrades. Lektüre, weil ich mich auf das Buch freue und mich voll und ganz auf diese Phantasiewelt einlassen kann, ist wunderbar. Lektüre, die nur dazu dient, freie Zeit »irgendwie« zu nutzen, ist nicht so wunderbar, sie wird auch nicht erfüllend sein können, weil die Probleme auf Grund des weiterhin ständig nach außen gerichteten Bewusstseins sich immer wieder in die Lektüre einzumischen verstehen.

Die Suche nach einem Sinn

Notker Wolf erzählt in einem seiner zahlreichen Bücher, wie er beschloss, Mönch zu werden, als er mit 14 Jahren die Geschichte eines Missionars las, der zu Lebzeiten die Bewohner einer Südseeinsel nicht missionieren konnte, nach seinem Tode jedoch mit seiner Botschaft fortwirkte und diese Bewohner zu Christen machte. Notker Wolf schreibt:

»Der Same war also aufgegangen, ganz ohne das Zutun dessen, der gesät hatte! Diese Vorstellung berührte mich zutiefst. Ich legte das Heft zur Seite und wusste: Jesus braucht dich! Dein Leben hat einen Sinn! Eine Aufgabe erwartet dich! Du wirst Missionar! Auf Erfolg brauchst du nicht zu schauen, den gibt Gott zu seiner Zeit. Eine Einsicht, die mich zeitlebens vom Erfolgszwang befreit hat.«[32]

Einen Weg so konsequent zu beschreiten, wie es Notker Wolf getan hat, ist sicher nicht jedermanns Sache. Aber eines lässt sich aus diesem Zitat doch ableiten. Sinn hat wenig bis gar nichts mit Erfolg zu tun. Auch, wenn ein sinnvolles Leben sicher auch als ein erfolgreiches gelten darf.

Der Erfolgszwang, von dem der junge Notker Wolf sich befreit sieht, weist gewisse Parallelen zum Hamsterrad auf. Wer Erfolgszwang verspürt, begibt sich in genau so eine Tretmühle, wie das Hamsterrad sie darstellt. Die Entscheidung, als Mönch und Missionar von diesem Zwang befreit zu sein, gibt dem Leben Notkers bereits früh einen besonderen Sinn; zu einem Zeitpunkt, an dem Hamsterrad und Erfolgszwang noch keine dominierende Rolle spielen konnten.

---

32. Abtprimas Notker Wolf: Wohin pilgern wir? Alte Wege und neue Ziele. Reinbek: Rowohlt 2009. S. 164.

Die Gefahr ist, dass im Hamsterrad auch die Suche nach Sinn dazu dient, die Psyche im Hamsterrad zu stabilisieren und weiter auf Hochbetrieb zu halten. Gesucht wird dann unbewusst letztlich eben nicht nach Sinn, sondern nach einer Möglichkeit der Sinnsuche selbst, die den Stresslevel hoch hält.

Wir sind die unfreieste Menschengeneration aller Zeiten, weil wir uns selbst nicht mehr aushalten

Spätestens seit der Aufklärung kennt das Denken der Menschheit, zumindest in der westlichen Hemisphäre, nur noch eine Richtung. Diese Richtung heißt Freiheit.

Aufklärung, so hatte Kant verkündet, sei der Ausgang des Menschen aus seiner selbst verschuldeten Unmündigkeit. Und selbst verschuldet sei diese Unmündigkeit eben deshalb, weil die Menschen nicht den Mut hätten, sich ihres Verstandes zu bedienen. Wer sich also im aufklärerischen Sinne seines Verstandes bediente und den Ausgang aus der Unmündigkeit fand, hatte damit auch den Weg zur Freiheit gefunden. Vor dem Hintergrund der Gesellschaftsstrukturen im 18. Jahrhundert ein enormer geistiger Fortschritt, von dem wir bis heute zehren.

Im 21. Jahrhundert wähnen wir uns in einem Maß von Freiheit angekommen, das unermesslich zu sein scheint. Wir können alles, wir dürfen alles, gemäß dem postmodernen

Motto »anything goes« scheinen wir bei all unserem Tun keine Schranken und Verbote mehr zu kennen, sondern frönen der perfekten Selbstverwirklichung.

Die Frage, die wir uns lange Zeit kaum gestellt haben, lautet: Brauchen wir das auch alles, was wir können und dürfen? Und könnte es sein, dass wir Probleme haben, mit all der Freiheit überhaupt noch klarzukommen?

Darin steckt ein gefährlicher Gedanke. Nämlich der, dass es ein bestimmtes Maß an Unfreiheit geben könnte, das den Menschen glücklicher macht. Das klingt, als wenn man die Zeit zurückdrehen wollte. Und doch schwirrt dieser Gedanke in den letzten Jahren vermehrt durch die Diskussion.

So interpretiert Georg Diez etwa im SPIEGEL das erfolgreiche Buch des Philosophen Byung-Chul Han mit dem bezeichnenden Titel »Müdigkeitsgesellschaft« unter diesen Vorzeichen:

> »›Die Depression ist die Erkrankung einer Gesellschaft, die unter dem Übermaß an Positivität leidet‹, schreibt er. Mit Positivität meint Han ›Projekt, Initiative, Motivation‹, eine Welt, in der die Menschen ›Unternehmer ihrer selbst‹ sind, was früher vielleicht Freiheit oder Selbstverwirklichung hieß. Die Worte, die für all das stehen, was nach Han krank macht: ›Yes, we can.‹«[33]

---

33. Diez, Georg: Traktate der schlechten Laune. In: SPIEGEL 48/2010, S. 162f.

Niemand wird ernsthaft bezweifeln, dass wir uns in der heutigen Ego-Gesellschaft als genau das verstehen: »Unternehmer unser selbst«. Und niemand wird darin grundsätzlich etwas Negatives sehen. Das Prinzip funktioniert jedoch nur so lange, wie wir den Druck, der durch dieses Unternehmertum in eigener Sache entsteht, ignorieren bzw. ihn als positiv empfinden.

Der Freiheitsbegriff, dem wir bisher anhängen, kennt die Kehrseite der Medaille nicht bzw. versucht, sie konsequent zu ignorieren. Es ist faktisch unmöglich zu sagen: Ich will etwas weniger Freiheit. Denn die Begriffe, die wir damit verbinden, sind durchweg negativ besetzt: Abhängigkeit, Unterdrückung etc. Und doch: Vielleicht müssen wir versuchen zu verstehen, dass ein wenig »Freiheit von der Freiheit« unser Leben in ruhigere Bahnen lenken könnte.

In diesem Sinne würde »Freiheit von der Freiheit« sogar ein Plus an absoluter Freiheit bedeuten, da wir durch ein Weniger an äußerer Freiheit ein Mehr an innerer Freiheit gewinnen könnten. Für die Rückkehr zu intuitiven und damit freien Verhaltensweisen ist es gut, einen äußeren Rahmen zu haben, der Sicherheit und Stabilität gewährleistet und mir garantiert, dass ich mich auf diesen verlassen kann. Dieser Rahmen schränkt mich nicht ein, und er ist gegebenenfalls sogar erweiterbar, wenn ich spüre, dass es für mich gut ist.

Man könnte es auch so formulieren: Frei sind wir dann, wenn wir ganz bei uns selbst sind, aus uns selbst heraus agieren und unsere äußeren Freiheiten nutzen können. Solange wir außer uns sind, im Hamsterrad um uns selbst kreisen, sind wir dagegen unfrei. Etwas provokativer ausgedrückt: Wir halten uns zwar für die freieste Gesellschaft, die es je gab, sind aber zumindest in Teilen die unfreieste, die es geben kann, weil wir nicht mehr über uns selbst bestimmen.

Entscheidend ist: Freizeit ist nicht gleich Freiheit. Das Gefühl, Freizeit ständig »gestalten« zu müssen, ist heute dominierend. Freizeit kann nicht einfach da sein und spontan nach Lust und Laune genutzt werden, sondern sie muss geplant und produktiv genutzt werden. Der Drang, das zu tun, entsteht aus dem Katastrophenmodus in unserer Psyche. Wenn der Hebel für dieses Programm erst mal unbewusst umgelegt worden ist, tun wir alles, um im Hamsterrad zu bleiben. Ein »Runterkommen« ist da gar nicht vorgesehen, egal, ob Arbeit oder Freizeit, es muss ständige Aktivität herrschen.

Es stellt sich die Frage: Warum ist es so schwer, »runterzukommen« und Ruhe zu finden? Verantwortlich dafür ist ein ganz wichtiger Mechanismus in unserer Psyche: Sie baut unbewusst Schutzmauern auf, um das einmal erreichte Niveau zu halten. Für die Psyche ist der Katastrophenmodus weder negativ noch positiv, er ist einfach nur ein Niveau, das durch die äußeren Umstände entstanden ist und das nach Möglichkeit erhalten bleiben soll, weil die Psyche stets nach Stabilität verlangt. Welche Auswirkungen das Niveau, auf dem sie sich stabilisiert, für den Menschen im konkreten Leben hat, ist dabei völlig uninteressant; es geht nur darum, ein gewisses

Gleichgewicht zu erhalten – und um das zu schaffen, bildet sie Widerstände wie Schutzmauern, die eine Bewegung auf ein anderes Niveau verhindern sollen. Und genau deshalb können auch Ratgeber oder Ähnliches, wie oben beschrieben, völlig wirkungslos bleiben, weil die Psyche sich durch die eigenen Widerstände permanent selbst stabilisiert.

Ein Beispiel aus dem Alltag macht verständlich, dass die Psyche immer eine Tendenz hat, sich auf einem einmal erreichten Niveau zu halten.

Der April 2011 war ein verhältnismäßig warmer und sonniger April, auch wenn es nicht unwahrscheinlich (und in den Vorjahren ja auch geschehen) ist, dass im April noch Schnee fallen kann und die Temperaturen unter den Gefrierpunkt sinken. Nach einigen schönen Tagen waren wir aber kaum noch in der Lage, uns vorzustellen, dass das Wetter auch schlechter sein könnte. Innerlich hatten wir auf Sommer umgestellt. Man sieht das immer sehr schön am Kleidungsmix der Menschen. Sind die T-Shirts und Sandalen erst mal aus dem Schrank geholt, werden sie oft auch noch getragen, wenn das Wetter plötzlich wieder umgeschlagen ist.

Bei langjährig antrainierten Lebensgewohnheiten greift ein solcher Mechanismus von »Schutzmauern« noch sehr viel stärker. Somit wird unsere Psyche nie dafür sorgen, dass wir das Hamsterrad verlassen, sondern sie akzeptiert irgendwann das Hamsterrad als das Niveau, das es zu erhalten gilt. Versuchen wir nun, bewusst etwas dagegen zu unternehmen, auszusteigen, ist das für die Psyche ein Zeichen, dass ihr

Niveau in Gefahr ist, und sie sendet »Widerstandssignale« aus, wie folgende sehr lebensnahe Beispiele zeigen: Wollen wir spazieren gehen, ist vielleicht das Wetter zu schlecht, wollen wir uns in den Liegestuhl setzen, ist nach kurzer Zeit die Sonne zu grell, wollen wir ein Buch zur Hand nehmen, gibt es tausend Dinge, die vorher erledigt werden müssen. Und am schlimmsten wäre es, wenn wir versuchen würden, einfach gar nichts zu tun. Wenn wir in dem Moment zum Buch greifen, weil wir merken, dass wir das Nichtstun nicht aushalten, fungiert für die Psyche auch die Lektüre als Schutzmauer zur Erhaltung des Stressniveaus.

Dazu passt die heute moderne Tendenz, Arbeitszeit und Freizeit nicht mehr so stark zu trennen. Oder wie der Chef einer Schweizer Wirtschaftszeitschrift es formuliert:

»Auf den folgenden Seiten [des zitierten Artikels] fallen eine ganze Menge der früher definierten Grenzen: zwischen Arbeitszeit und Freizeit, zwischen bezahlter und unbezahlter Arbeit, zwischen Erwerbstätigkeit und Ruhestand. Man weiß nicht mehr genau, wo ein Unternehmen aufhört oder wo sich ein Arbeitsplatz befindet. Jede dieser Entgrenzungen ist ein Argument mehr, um sowohl im Wortschatz als auch im Kopf die Grenze zwischen Arbeit und Leben zu beseitigen.«[34]

---

34. Gürtler, Detlef: Dienst war Dienst, und Schnaps war Schnaps. Aber Leben ist Leben. In: GDI Impuls 4/2010, S. 3.

Das klingt für Theoretiker im Bereich von Arbeitsmodellen und moderner Lebensführung alles erst mal ganz gut. Für die Psyche sind diese »Entgrenzungen« aber mehr als grenzwertig. Wenn alle Grenzen fallen, muss es immer weitergehen. Auf der Titelseite des genannten Heftes beschwört man den Weg in die »Tätigkeitskultur«. Das mag gut gemeint sein und dem Trend zu neuen Modellen der Lebensführung Rechnung tragen. Psychisch gesehen wird es einen anderen Trend befeuern, eben den, um den es mir geht. Bei diesem unbewusst gesetzten Trend bedeutet »Tätigkeitskultur« eine Kultur des ständigen Hochdrehens. Der moderne Mensch lebt online und ist stets tätig. Zeit für Stressabbau? Fehlanzeige…

Was können wir dagegensetzen? Lassen wir dazu noch einmal die Sängerin Annett Louisan zu Wort kommen. Im Song »Die Trägheit« heißt es im Refrain:

»Ich les heut keine Zeitung
Ich hab heut keine Meinung
Bin außer Dienst gestellt
Heute dreht die Welt
Mal eine Runde ohne mich
Dreht sich ohne mich«

Das ist in der sprachlich verdichteten Form eines Songtextes gut auf den Punkt gebracht. Die Welt dreht sich tatsächlich auch ohne uns, das haben wir nur heute verlernt zu glauben.

Was können wir tun?

Wir leben in der Furcht, die Welt stehe still, sobald wir uns nicht mehr in ihr betätigen. Das führt sogar so weit, dass einen manchmal ein ungutes Gefühl beschleicht, wenn man sich nach einer längeren Pause als gewohnt wieder an den Computer setzt und feststellt, dass kaum Mails gekommen sind, kaum Kommentare im Social Web und Ähnliches. Die Welt hat sich offensichtlich weitergedreht, ohne sich um uns zu kümmern. Das stellt unsere hochgedrehte Psyche vor ein ernsthaftes Problem.

Dabei ist es genau das, was wir wieder erreichen sollten. Die Welt »Welt« sein lassen und ganz bei uns selbst sein. Die Menschheit kennt eigentlich viele Arten, um den Weg zu sich selbst wieder zu finden. Für gläubige Menschen findet das etwa in der Form des Gebetes statt, für andere ist die Versenkung in ein Kunstwerk der richtige Weg. Dabei spielt es keine Rolle, ob es sich um die Betrachtung eines berühmten Bildes oder die Lektüre eines Unterhaltungsromans handelt; wichtig ist die Ungezwungenheit dieses Tuns, dazu gehört auch die Gewissheit, dass man dies nicht nur macht, um etwas zu machen, sondern weil es einem das Gefühl der Abgegrenztheit zur Außenwelt vermittelt.

Kontemplation ist ein heute kaum noch gebräuchlicher Begriff, der aber gut beschreibt, worum es geht. Kontemplation, nicht im engeren religiösen Sinne verstanden, meint einen Zustand, in dem ich nichts brauche, weil ich mir selbst genüge. Dieser Zustand ist es, den wir wieder häufiger erreichen sollten.

Man muss sich klarmachen, dass es verschiedene Wege gibt, in diesen Zustand zurückzukommen. Jeder wird diesen Weg für sich selbst finden müssen, deshalb kann und will ich hier gar keine Ratschläge erteilen. Wichtig ist, zu erkennen, wie die hier dargelegten Zusammenhänge dafür sorgen, dass in unserer Psyche der Hebel auf Katastrophe umgelegt ist und dass wir selbst es in der Hand haben, den Hebel wieder in die andere Richtung zu bewegen. Dazu gehört auch das Wissen um die beschriebenen Schutzmauern, anhand derer die Psyche das Umlegen des Hebels verhindert. Erst wenn klar ist, dass die Psyche sich gegen eine Rückkehr zu Stille und Entspannung wehrt, obwohl das im ersten Moment unlogisch klingt, wird auch deutlich, warum es nicht funktionieren kann, »mal eben« für Entspannung zu sorgen.

Was uns fehlt, sind Schlüsselerlebnisse

Man kann die innere Ruhe also nicht im Wellness-Supermarkt einkaufen, und es reicht auch nicht, sich einfach nur ab und zu vorzunehmen, ruhiger zu handeln. Wie schaffen wir es trotzdem, es auszuhalten, dass die Welt ab und zu mal eine Runde ohne uns dreht?

Um zu einer grundlegenden Veränderung zu kommen, bedarf es häufig eines unerwarteten Erlebnisses, das die bisherigen Ansichten über den Haufen wirft. Ein solcher AHA-Effekt wird häufig durch Schlüsselerlebnisse ausgelöst. Zu der Erkenntnis, die man durch ein solches Erlebnis erhält, konnte man vorher nicht gelangen, weil sie gar nicht vorstellbar war.

Ein Schlüssel ist das Geheimnis des Zugangs zu einem dahinterliegenden Raum. Hinter verschlossenen Türen befindet sich häufig etwas, was wir unbedingt haben wollen. So auch hier. Hinter der Tür befinden sich Ausgeglichenheit, innere Ruhe und Intuition. Rational sagen wir selbstverständlich: »Die wollen wir haben.« Solange wir im Hamsterrad sind und nur rotieren, befinden wir uns jedoch vor der Tür und reden uns damit heraus, gar keine Zeit zu haben, nach dem Schlüssel zu suchen. In Wirklichkeit haben wir jedoch Angst vor dem, was sich hinter der Tür befindet, Angst, die aus unserer hochgedrehten Psyche entsteht, die sich in diesem Zustand halten möchte. Zum Suchen und Finden des Schlüssels müssen wir uns folglich zwingen, anders geht es nicht. Das liegt an den bereits beschriebenen Schutzmauern der Psyche, die ständig versucht, sich im Katastrophenmodus zu halten. Um diesen Mechanismus zu durchbrechen, braucht es das Schlüsselerlebnis. Wie ein solches Schlüsselerlebnis aussehen könnte, will ich an einem Beispiel verdeutlichen, das in unserer säkularisierten Welt nur auf den ersten Blick etwas abseits des Normalen liegen mag.

Wenn Sie versuchen, sich einen Ort vorzustellen, den Sie mit Stille, Ruhe und Abwesenheit von Stress in Verbindung bringen, wäre eine Kirche vermutlich durchaus naheliegend. Die klassische Vorstellung vom Zu-sich-Kommen wäre nun, einmal eine Kirche aufzusuchen, sich in die Kirchenbank zu setzen und die Stille auf sich wirken zu lassen. Dadurch, so die Vermutung, müsste von allein Ruhe im Inneren einkehren, Alltagsstress und Sorgen sollten sich so besser verarbeiten lassen.

Der Mensch im Hamsterrad würde aber sehr schnell feststellen, dass das nicht funktioniert. Zunächst einmal würde er vielleicht schon den Vorschlag, die Kirche aufzusuchen, ablehnen und Gründe finden, warum das nicht geht: von »keine Zeit« über »ich bin nicht gläubig« bis »vom langen Sitzen bekomme ich Rückenschmerzen«. Den Mechanismus habe ich bereits angedeutet: Die Gründe, das Vorhaben nicht umzusetzen, erscheinen für den Einzelnen einleuchtend, während der tatsächliche Grund für diese Rationalisierung tiefer liegt. Genau hier schon beginnt die Psyche Widerstände aufzubauen, um ihr hochgedrehtes Niveau zu erhalten. Bereits die Aussicht auf Ruhe und Entspannung versetzt sie, bildlich gesprochen, in Aufruhr, und sie liefert dem Menschen Ausreden.

Nehmen wir weiter an, der Mensch setzt sich darüber hinweg, weil er sich vorgenommen hat, diesen Weg zur Ruhe zu versuchen. Was im Hamsterrad passieren würde, wenn der Versuch konsequent durchgezogen werden würde, kann man in drei Stufen erklären.

Zunächst ist es gut, die Zeit in der Kirche nicht zu sehr auszudehnen, 45 Minuten wären absolut genug. Länger würde jemand, dessen Psyche im Katastrophenmodus läuft, es vermutlich auch kaum aushalten. Denn wichtig ist außerdem, wirklich nur dazusitzen und nichts zu tun. Im Gesangbuch blättern, mit dem Pfarrer reden, aufstehen und den Altar bewundern, was auch immer es ist: Wir würden es tun, weil es uns in Aktion hält und unterschwellig der Psyche helfen würde, ihr Niveau zu halten.

Auf der ersten Stufe, also beim ersten Mal, und sicher auch noch die nächsten Male wäre dieses Dasitzen und Nichtstun kaum auszuhalten. Der Mensch im Hamsterrad würde sich in diesem Moment klar darüber werden, wie sehr er innerlich rotiert und eben trotz totaler Stille um ihn herum überhaupt keine Ruhe findet. Er würde merken, wie er völlig nach außen ausgerichtet versuchen würde, ein Ziel für irgendeine Aktion zu finden. Gesangbuch, Pfarrer, Altar. Wenn er es schafft, sich das zu versagen, wird er nach 45 Minuten die Kirche verlassen und vielleicht sogar bedauern, den Versuch überhaupt gestartet zu haben, da man doch in der Zeit so viel hätte erledigen können.

Jetzt käme es darauf an, den Versuch fortzusetzen. Langsam, irgendwann würde sich eine Veränderung einstellen, gewissermaßen die zweite Stufe erreicht werden. Das totale Rotieren, die völlige Unruhe wären weg, man könnte die Ruhe und Stille aushalten. Aber eben nur aushalten, der eigentlich gedachte Effekt wäre dann immer noch nicht vorhanden.

Dieser Effekt, gleichbedeutend mit dem Genuss der Stille und der echten Rückkehr zu innerer Ruhe, würde sich auf der dritten Stufe einstellen.

Leiden – Aushalten – Genießen. Dieser Dreiklang wird möglich, wenn sich ein im Hamsterrad befindlicher Mensch wirklich auf den Versuch einlassen wird, über mehrere Tage hinweg die Ruhe solch einer Kirche immer wieder aufzusuchen.

Es geht dabei natürlich nicht primär um das Kirchenerlebnis, auch wenn die dort vorhandene besondere Art der Stille sicher sehr gut geeignet wäre. Sie können sich auch ein anderes Szenario denken, und wenn es der Liegestuhl auf Ihrer Terrasse ist. Das Prinzip ist das gleiche. Wichtig ist dabei: nur daliegen. Keine Musik auf den Ohren, kein Buch vor den Augen, keine Unterhaltung, nichts. Es würden sich die gleichen Effekte einstellen, auf der ersten Stufe wäre es kaum auszuhalten, und schon nach wenigen Minuten würde die Psyche dafür sorgen, dass man das dringende Bedürfnis hat, etwas anderes zu tun. Auf der zweiten Stufe wäre es einfacher, länger liegen zu bleiben, aber man würde es nur aushalten; auf der dritten Stufe wäre die Ruhe und Entspannung da, und das Liegen wäre ein Genuss. Wohlgemerkt: Auch das würde nur erreicht werden, wenn man sich über viele Tage auf diese »Übung« einlassen würde.

Der gemeinsame Nenner bei allen denkbaren Aktionen ist die zeitliche Länge, die zum Auflösen der Widerstände notwendig ist, welche die Psyche in uns aufbaut. Von jetzt auf gleich aus dem Hamsterrad herauszukommen ist nicht möglich.

Ich gebe Ihnen noch ein anderes Beispiel, bei dem die

Dreistufigkeit nicht zum Tragen kommt, weil hier der Faktor der Bewegung dazukommt. Nehmen wir an, die Probleme nehmen überhand, der Alltag belastet, wir erleben ständig neuen Stress bei der Arbeit, viele Termine in der Freizeit. Was wäre eine Möglichkeit, da für Entspannung und Abschalten zu sorgen? Sagen wir, ein Freund schlägt Ihnen vor, einen Waldspaziergang zu machen. Er preist die Ruhe in der Natur, keine nervenden Kollegen, keine Termine. Aus seiner Sicht kann es nichts Besseres geben.

Würden Sie sofort nachgeben und in den Wald gehen? Unwahrscheinlich. Die innere Abwehr wäre groß. Sie würden Gründe finden, warum das gerade jetzt nicht geht. Dieses muss noch erledigt werden, jenes duldet keinen Aufschub. Wald? Ja, aber später.

Vordergründig würden Sie all die Gründe, die Sie hindern, als real und wichtig definieren, selbst wenn diese es bei näherer objektiver Betrachtung nicht unbedingt sind. Genau dafür sorgt unsere auf Katastrophenmodus eingestellte Psyche, die wieder ihre Widerstände aufbaut. Sie will nicht raus aus dem hochgedrehten Zustand. Der Gedanke an die Ruhe im Wald, dort allein zu sein, nichts zu tun zu haben, sorgt in der Psyche nicht für Entlastung, sondern für Anspannung und Unbehagen.

Treiben wir das Experiment noch ein wenig weiter. Wenn Sie mögen, können Sie es ja auch einfach mal selbst ausprobieren. Nehmen wir an, Sie lassen sich doch breitschlagen und gehen in den Wald. Haben Sie damit gewonnen? Den entscheidenden Schritt aus dem Hamsterrad gemacht? Nicht unbedingt. Ihre Psyche wird nämlich versuchen, Sie auszutricksen. Auch im Wald selbst gibt sie sich nicht geschlagen, sondern sucht weiter nach Möglichkeiten, auf Touren zu bleiben, den Stress hoch zu halten. Sie sagt Ihnen: »Du kannst nicht einfach so in den Wald gehen. Du musst dieser Aktion einen Sinn geben!« Also werden Sie anfangen zu suchen: ein Ziel, zu dem Sie laufen, natürlich auf optimal kurzem Weg. Oder Sie nehmen den MP3-Player mit und hören das Hörbuch, die Musik, die Sie schon lange mal wieder »in Ruhe« hören wollten. Oder Sie sagen sich: Wald? Wunderbare Gelegenheit, mal wieder was für den Körper zu tun, ich nehme die Nordic-Walking-Stöcke mit und treibe Sport. Oder Sie nutzen die Gelegenheit für den Ausflug, den die Familie schon seit Wochen von Ihnen fordert.

Meine Analyse zeigt: Alles das sind verzweifelte Versuche, dem Waldspaziergang einen Sinn zu geben, ihn mit Aufgaben auszustatten, die es der Psyche erlauben, hochgefahren zu bleiben. Das Einzige, auf das man nicht so schnell kommen würde, weil die Psyche sich dagegen wehrt, ist: ab in den Wald und einfach nur laufen. Ohne konkretes Ziel, ohne Ablenkung, ohne Versäumtes damit zu verbinden. Möglicherweise wäre der Versuch, das zu tun, eines der letzten echten Abenteuer der modernen Zeit. Weil es so unglaublich schwerfällt.

Diesen Gedanken nachzuvollziehen mag im ersten Moment nicht ganz einfach sein. Das liegt daran, dass wir es mit einem Paradox zu tun haben. Der Waldspaziergang soll eigentlich dazu dienen, abzuschalten, runterzufahren, die Psyche zu entlasten. Doch das genaue Gegenteil passiert. Der Unterschied zu den vorangegangenen Beispielen ist hier die Bewegung, im Gegensatz zum Sitzen in der Kirche oder dem Liegen auf dem Liegestuhl. Die mehrfachen Anläufe bei den bewegungslosen Modellen werden hier quasi durch die ständige Bewegung des Laufens abgebildet. So wie sich vorher auf den einzelnen Stufen nach und nach Entspannung einstellt, läuft man im Wald das Hamsterrad einfach aus, obwohl man sich das vorher im hochgedrehten Zustand des Hamsterrades überhaupt nicht vorstellen konnte. Es passiert auch nichts Schlimmes, kein Zusammenbruch oder sonstige Dramen. Auch hier spielt die Länge wieder eine entscheidende Rolle. Mit der Zeit fallen die Schutzmauern, die die Psyche aufbaut, weg. Man spürt sich wieder selbst, die innere Ruhe kehrt zurück. Damit sind auch das ständige Kreisen der Gedanken und das Gefühl eines Tunnelblicks vorbei.

Ein Schlüsselerlebnis ist wichtig, um überhaupt wieder in die Ruhe zurückzukommen. Es bedeutet jedoch nicht, dass mit diesem einmaligen Erlebnis das Thema ein für alle Mal erledigt ist. Wir sind jeden Tag aufs Neue in der Gefahr, den Hebel wieder in die andere Richtung umzulegen und in den Katastrophenmodus zurückzukehren. Die Anforderungen im Alltag werden ja nicht geringer, sie ändern sich nicht von heute auf morgen und schon gar nicht von alleine. Und auch die Dynamik der Negativnachrichten in den Medien wird eher noch zunehmen, solange Einschaltquoten, verkaufte Auflagen und Klickraten stimmen.

Zu überlegen ist also, was jeder machen kann, wenn er den Hebel umgelegt hat. Wie kann ich vorgehen, um weiterhin in mir zu ruhen und mich nicht wieder selbst zu verlieren. Dazu gibt es unterschiedliche und im Einzelnen meist persönlich geprägte Ansätze. Das kann für den einen der Spaziergang sein, für den anderen vielleicht Yoga, für den Dritten ein Besuch in der Sauna. All das kann der richtige Weg sein, wenn der Hebel umgelegt ist, es dient dann gewissermaßen zur Vorbeugung, um nicht erneut ins Hamsterrad zu geraten. Eine Strategie finde ich interessant; von ihr will ich abschließend in diesem Kapitel kurz berichten.

In sich sein – und von außen auf sich schauen

Ich habe viel davon gesprochen, dass wir unsere Mitte wiederfinden müssen, wieder erleben müssen, in uns selbst zu sein. Nur auf diese Weise kann es gelingen, das Hamsterrad zu verlassen und wieder ruhig und intuitiv zu handeln. Dabei kann auch ein mentaler Kunstgriff helfen, den mir ein Freund so beschrieb:

Ich versuche, geistig aus mir selbst herauszutreten und von außen auf mich draufzuschauen. Quasi als Unbeteiligter, vollkommen unberührt von meinen Problemen, meinen Sorgen, von all dem, was mich tagtäglich umtreibt und im Hamsterrad hält. Ich bin dann wie ein Außenstehender, der versucht, meine Situation nüchtern zu beurteilen und Lösungen für Probleme zu finden. Dieser Außenstehende lässt die Emotionen und den Stress, die sonst meine Gedanken beeinflussen, weg und versucht eine rationale Beurteilung der Situation. Das hilft mir ungemein, wenn ich mal wieder merke, dass ich nur noch rotiere, nicht mehr in der Lage bin, einen klaren Gedanken zu fassen, und mich selbst verliere. Die Frage, die ich mir stelle, ist quasi: Was würdest du einem anderen Menschen raten, der dir von seinen Problemen erzählt?

Dabei komme ich oft zu ungewöhnlichen Ergebnissen, zu Lösungsmöglichkeiten, die mir vorher gar nicht in den Sinn gekommen waren. Natürlich ist das kein Allheilmittel gegen alle Sorgen und Nöte, aber es kann helfen, sich wieder an Fakten zu orientieren und Dinge ohne hinderliche Emotionalisierung zu betrachten.

Denn die Vorstellung, aus mir selbst herauszutreten, kann ich ja nur entwickeln, wenn ich eigentlich in mir selbst bin und merke, wie ich mich zu verlieren drohe. Von diesem konkreten Ansatz abgesehen, bedeutet diese Strategie im Grunde, immer wieder darauf zu achten, dass man sich seiner selbst bewusst ist. Der Dauerlauf im Hamsterrad entwickelt sich ja gerade, weil wir uns unbewusst immer wieder in der Scheinkatastrophe stabilisieren. Dieser Teufelskreis kann nur durch Bewusstwerdung durchbrochen werden.

Kinder Kinder sein lassen – und Erwachsene Erwachsene

Wenn heute über die Probleme der Kinder diskutiert wird, kommt als klassisches Beispiel oft der »Manager-Terminkalender«, dem Kinder hinterherhetzen müssen. Jede freie Minute scheint mit Aktivität ausgefüllt zu sein, und die Schlussfolgerung, die daraus gezogen wird, passt eigentlich gut zum Titel dieses Buches: »Lasst Kinder wieder Kinder sein!«

Ich möchte diesem Allgemeinplatz der heutigen Diskussion über die Situation von Kindern folgende Beschreibung aus Erich Kästners Kindheitsbeschreibung »Als ich ein kleiner Junge war« gegenüberstellen:

»Auch vor fünfzig Jahren hatte der Tag nur vierundzwanzig Stunden, und zehn davon musste ich schlafen. Die restliche Zeit war ausgefüllt wie der Terminkalender eines Generaldirektors. Ich lief in die Tieckstraße und lernte. Ich ging in die Alaunstraße und turnte. Ich saß in der Küche und machte meine Schularbeiten, wobei ich achtgab, dass die Kartoffeln nicht überkochten. (…) Ich holte ein und musste lange warten, bis ich an die Reihe kam, weil ich ein kleiner Junge war und mich nicht vordrängte. (…) Ich spielte mit Försters Fritz und Großhennigs Erna in diesem oder jenem Hinterhof. Ich spielte mit ihnen und Kießlings Gustav am Rande des Hellers zwischen Kiefern, Sand und Heidekraut Räuber und Gendarm oder Trapper und Indianer. Ich unterstützte am Bischofsplatz die Königsbrücker Bande gegen die gefürchtete Hechtbande, eine Horde kampflustiger Flegel aus der Hechtstraße. Und ich las. Und las. Und las.«[35]

Das Lamento über die vollen Terminkalender der Kinder ist ja nicht ganz unberechtigt. Es gibt tatsächlich Eltern, bei denen man das Gefühl hat, sie investierten einen Großteil ihrer Energie in die Optimierung des »Zeitmanagements« ihres Nachwuchses. An anderer Stelle habe ich erklärt, dass dieses Vorgehen im Hamsterrad dazu dient, dieses weiterlaufen und immer schneller drehen zu lassen. Doch es gibt einen wesentlichen Unterschied.

Kästner beschreibt eine Kindheit und Jugend vor rund hundert Jahren. Manches Mal hat man bei so einer Passage das Gefühl, sie leicht an heutige Verhältnisse anpassen zu können. Schule, Sport, Hausaufgaben, Verabredungen zum Spielen, andere Termine, es ist nicht so, dass beim kleinen Erich zu Beginn des 20. Jahrhunderts mehr Leerlauf geherrscht hätte als bei einem durchschnittlichen Kind des Jahres 2011.

Ein entscheidendes Element fehlt in dieser Beschreibung: Eltern kommen dort nicht vor. Keine Mama, die Erichs Tagesablauf straff durchorganisiert, ihn zu sämtlichen Terminen begleitet und darüber wacht, dass der Zeitplan einge-

---

35. Kästner, Erich: Als ich ein kleiner Junge war. Hamburg 1957, S. 98.

halten wird. Kästners »Termine« ergeben sich mehr oder weniger von selbst aus den Anforderungen, die der Alltag eben so stellt. Es ist keine Frage, dass der Junge zur Schule muss, die Hausaufgaben erledigt werden wollen, und auch der Sport gehört um die vorletzte Jahrhundertwende noch zum durchaus üblichen Programm.

Das alles hat vor allem eins: eine gewisse Selbstverständlichkeit, die keiner äußeren Organisation bedarf. Kästners Eltern (bzw. die seiner Altersgenossen zu jener Zeit) hätten eingegriffen, wenn die Schule geschwänzt oder die Pflichten im Rahmen der Familie (einkaufen) nicht erledigt worden wären. Das hätten sie als ihre Aufgabe als Erwachsene angesehen, ohne das theoretisch unterfüttert zu haben. Es wäre ihre Aufgabe gewesen, weil sie Erwachsene sind und die Kinder eben Kinder.

Der volle Terminplan von heute ergibt sich aber nicht mehr von selbst. Immer mehr Eltern haben über allem einen Masterplan stehen, der für optimale Förderung sorgt. Und darüber hinaus sorgt die Einhaltung dieses Plans natürlich auch dafür, dass der Erwachsene im Hamsterrad bleiben kann. Denn mit dem Hinterherhecheln hinter diesem Terminplan, mit dem Kutschieren der Kinder zu sämtlichen Terminen ist natürlich auch jede Menge Stress und Hektik verbunden. Kaum ist das Kind irgendwo, sagen wir: beim Tennistraining, abgeliefert, muss schon überlegt werden, wie es weitergeht, etwa, wann man es zu welchem Freund zum Spieltermin bringen muss. Kästner wäre vom Turnen einfach nach Hause gelaufen, um zu überlegen, wie man gegen die gefürchtete Hechtbande vorgehen kann. Und wenn die grade keine Lust auf Streit gehabt hätte, hätte sich schon irgendein Hinterhof mit irgendwelchen anderen Kindern gefunden, um sich zu beschäftigen.

Der Unterschied liegt also nicht in einem »Früher war alles besser«. Die Erziehungsmethoden im Kaiserreich waren aus heutiger Sicht bestimmt aus vielen Gründen nicht kindgerecht. Der Unterschied liegt in der Trennung von Kinderwelt und Erwachsenenwelt. In der Selbstverständlichkeit, mit der Kinder Kinder waren und nicht von den Erwachsenen vereinnahmt wurden, um aus falsch verstandener Partnerschaftlichkeit letztlich das Gleiche zu tun wie diese.

Es wird derzeit oft darüber geschrieben, dass Kindheit heute auf vielfältige Weise bedroht sei. Dabei wird immer von bewussten Verhaltensweisen auf Seiten der Erwachsenen ausgegangen. Das jedoch führt letztlich nur dazu, dass Schuld zugewiesen wird. Dann sind die Erwachsenen (oder eine bestimmte Gruppe) schuld, dass es Kindern nicht gut geht, falsche Erziehung wird als Grund angeführt, ein falsches Weltbild kritisiert. Bei all diesen Diskussionen dreht man sich letztlich immer im Kreis. Oft werden Einzelfälle instrumentalisiert und verallgemeinert, um zum Teil ideologisch gefärbtes Gedankengut allgemein durchzusetzen.

Hinter den Problemen der emotionalen und sozialen Entwicklungsstörungen bei Kindern und Jugendlichen einen unbewusst ablaufenden Katastrophenmodus in der erwach-

Kinder Kinder sein lassen – und Erwachsene Erwachsene

senen Psyche zu sehen, ist dagegen ein neuer, ein ganz anderer Ansatz.

Es ist ein Ansatz, der zunächst einmal alle entlastet – und bei dem im zweiten Schritt deutlich wird, dass das Problem grundsätzlich lösbar ist und die Zukunftsfähigkeit der Gesellschaft damit nicht grundsätzlich in Frage gestellt wird.

Wir können nicht von heute auf morgen unsere Gesellschaft auf den Kopf stellen und alles verändern. Gesellschaftskritik ist gut und notwendig, und sie wird von vielen klugen Köpfen formuliert und in die Diskussion gebracht. Mir geht es darum, dass auch der Einzelne etwas tun kann, um zu verhindern, dass die scheinbare Katastrophe, die unserer Psyche vorgegaukelt wird, unser Denken und Handeln in dem Maße bestimmt, in dem es heute oft der Fall ist.

Dieser Ansatz vom einzelnen Erwachsenen her ist mir ganz wichtig, denn er verhindert das typische »Daran kann man ja sowieso nichts ändern«-Denken. Jeder Einzelne von uns kann für sich Ideen entwickeln, wie er sich Schlüsselerlebnisse verschaffen kann, die ihm helfen, wieder stärker in sich selbst zu ruhen und aus dieser Ruhe heraus intuitiv mit seiner Umwelt und eben auch insbesondere mit Kindern umzugehen.

Meinhard Miegel fragt in seinem wohlstandskritischen Buch »Exit« danach, wie es möglich werden könne, der nächsten Generation das Leben wieder lebenswert zu machen:

»Was vermitteln Eltern und Großeltern, Kindergärtnerinnen und Lehrer, Ausbilder und Professoren? Zeigen sie den ihnen Anvertrauten neben allem Lebensnotwendigen, Praktischen auch, hin und wieder im Spiel aufzugehen, sich gefangen nehmen zu lassen von der Natur und von den Künsten? Lehren sie sie, ein tiefsinniges Buch von einem flachen, einen guten Film von einem schlechten zu unterscheiden? Wecken sie in ihnen auch solche Fähigkeiten, die voraussichtlich nicht zum Geldverdienen taugen, sondern ›nur‹ zur Steigerung der Lebensfreude? Machen sie ihnen bewusst, welche geringen materiellen Mittel der Mensch zu einem erfüllten Leben braucht, oder belassen sie sie in der Vorstellung ›we were born to shop‹ – ausschließlich zum Konsum bestimmt? Erschließen sie ihnen den Wert der Zeit, vor allem aber den ungeheuren Reichtum, der einzig in ihnen selber steckt – in ihrer Phantasie, Kreativität, Spontaneität, Empathie?«[36]

All diese Fragen sind richtig gestellt, sie weisen in eine Richtung, die das Leben für alle lebenswerter machen würde und der Gier nach dem »immer mehr« eine Haltung der bewussten Bescheidenheit entgegensetzt.

All diese Verhaltensweisen, die Miegel zu Recht einfordert, brauchen als Grundvoraussetzung den in sich ruhen-

---

36. Miegel, Meinhard: Exit. Wohlstand ohne Wachstum. Berlin: Propyläen 2010. S. 237.

den Erwachsenen, der selbst den Wert dieser Ideale zu erkennen und damit auch zu vermitteln vermag. Wer sich abgegrenzt erlebt, nicht ständig neben sich steht und vom Katastrophenmodus der Psyche vor sich her getrieben wird, ist auch in der Lage, Kindern diese Ruhe mit auf den Lebensweg zu geben. Und mit dieser Ruhe wird auch der Wert von Phantasie, Kreativität und Empathie deutlich.

Denn Ruhe überträgt sich genauso wie Unruhe. Je jünger das Kind, desto stärker nimmt es die emotionale Befindlichkeit der ihn umgebenden Erwachsenen in sich auf. Ruhige Erwachsene, die intuitiv mit dem Kind umgehen, erzeugen ruhige Kinder, die ihre Kindheit genießen. Unruhige und getriebene Erwachsene, die ständig mit Druck auf Kinder einwirken, erzeugen, wenn dieser Druck dauerhaft vorhanden ist, die Entwicklungsstörungen im emotionalen und sozialen Bereich, die mir seit Jahren in immer höherem Maße begegnen.

Die Beziehung zwischen Erwachsenen und Kindern kann nur dann funktionieren, wenn jeder Part in seiner natürlichen Position ist. Sobald sich diese Positionen verschieben, kommt es zu Beziehungsstörungen. Sorgt also die hohe tägliche Belastung im Berufs- und Privatleben in Verbindung mit einem ständigen Bombardement mit Negativnachrichten in den Medien dafür, dass in der Psyche des Erwachsenen der Hebel auf Katastrophe umgelegt wird, kann er seine Position als strukturierendes Gegenüber für das Kind nicht mehr lange halten. Es ergibt sich eine defizitäre Position für ihn, die ihn schwach und bedürftig macht und aus der heraus sich das Kind zur Kompensation dieses Defizits anbietet. Dann kommt es zu den Beziehungsstörungen der Projektion, in der der Erwachsene vom Kind geliebt werden will, und der Symbiose, in der der Erwachsene für das Kind denkt, fühlt und handelt.

Eine gute Zukunft – für uns und unsere Kinder und Enkel

Ein wesentlicher Teil meiner Arbeit als Kinderpsychiater liegt in der Beratung der Eltern. Die Behandlung der Symptome des Kindes allein würde bei einer in der Tiefe liegenden Entwicklungsstörung als Ursache nicht ausreichen. Kinder sind nicht auffällig, weil ihnen das so viel Spaß macht und sie die Erwachsenen ärgern wollen. Es gibt Gründe für ihre Auffälligkeiten, die außerhalb ihrer selbst liegen.

Aber auch Erwachsene, die nicht mehr auf der richtigen Ebene zum Kind agieren und damit über die gestörte Beziehung die Entwicklungsprobleme bei Kindern auslösen, agieren nicht absichtlich, um die Kinder zu schädigen.

Beide sind Bestandteil des Systems Gesellschaft, und in diesem System sind in den letzten 20 Jahren Entwicklungen zu beobachten, die dafür gesorgt haben, dass Erwachsene nicht mehr in sich ruhen und Kinder sich auf Grund dieser Tatsache nicht ungestört so entwickeln können, dass sie selbst als Erwachsene ein selbstbestimmtes, glückliches Leben führen können.

Eigentlich ist es ein Paradox. Obwohl wir in einem sehr individualistisch ausgerichteten Zeitalter leben, in dem das Wohl des Einzelnen einen sehr hohen Stellenwert besitzt, tun wir uns schwer damit, uns abzugrenzen, uns mit uns selbst eins zu fühlen und die Außenwelt nicht an uns und unsere Psyche herankommen zu lassen.

Anders gesagt: Je hektischer wir nach unserem individuellen Wohl suchen, desto weiter entfernen wir uns davon. Wir müssen es eigentlich auch nicht suchen, denn es liegt immer in uns. Unsere Mitte, aus der die Kraft entspringt, das Leben zu meistern und auch glückliche Kinder aufzuziehen, ist in uns; angesichts der scheinbaren alltäglichen Katastrophe entfernen wir uns nur immer mehr von ihr.

Die Analyse in diesem Buch zeigt klar auf, wo die entscheidenden Punkte zu finden sind. Es geht darum zu verstehen, dass es nicht darauf ankommt, nach individueller Schuld und individuellen Gründen zu suchen. Diese wären dem Finden einer Lösung abträglich. Nein, wir können uns ganz neutral mit den unbewussten, übergeordneten Gründen für den Katastrophenmodus unserer Psyche beschäftigen.

Es geht eben nicht um die Schwierigkeiten Einzelner, mit dem Leben fertig zu werden. Es geht um unsere Kinder, es geht um die nachwachsende Generation; es geht darum, wie diejenigen, für die wir jetzt und hier Verantwortung tragen, wie unsere Kinder leben werden. Damit hat die Problematik eine ganz andere Dimension. Sie ist der individuellen Sphäre

Eine gute Zukunft

entzogen und erhält eine gesamtgesellschaftliche Dynamik. Damit jedoch betrifft sie letztlich wiederum jeden Einzelnen.

Es geht eben nicht nur um Eltern oder nur um Pädagogen. Auch jeder, der keine Kinder hat oder beruflich nicht direkt mit ihnen zu tun hat, lebt und arbeitet mit den Kindern anderer Menschen zusammen; gemeinsam gestalten wir unsere Gesellschaft. Das wird immer schwieriger, wenn ein Teil der Heranwachsenden nicht mehr in der Lage ist, diesen sozialen Anforderungen in ausreichendem Maße zu genügen, weil es in der Jugend zu Entwicklungsstörungen im emotionalen und sozialen Bereich gekommen ist.

Positiv stimmen sollte uns, dass wir der Situation Herr werden können. Der Katastrophenmodus unserer Psyche entspricht nicht der realen Situation. Das zu erkennen ist die große Chance, um nicht länger im Hamsterrad zu rotieren und zu einer gelasseneren Lebenseinstellung zu kommen, sowohl anderen Erwachsenen als vor allem auch Kindern gegenüber.

Insofern ist dieses Buch auch die logische Weiterführung meiner Analyse, die mit »Warum unsere Kinder Tyrannen werden« begonnen hat. Der Ansatz, die sozialen und emotionalen Entwicklungsstörungen einer steigenden Anzahl von Kindern und Jugendlichen auf Beziehungsstörungen zu den Erwachsenen zurückzuführen, wird durch die hier dargelegten Thesen zum Katastrophenmodus um den entscheidenden Aspekt erweitert. Wurden bisher schwerpunktmäßig die

Defizite und die unbewusste Kompensation dargestellt, so tritt hier der dahinterliegende Mechanismus in unserer Psyche hervor. Für die Rückkehr in die Intuition ist das der zentrale Baustein.

Erwachsene, die in sich ruhen, intuitiv mit Kindern umgehen, sind damit automatisch im richtigen Verhältnis zu Kindern. Sie schaffen die Voraussetzung, dass die kindliche Psyche sich ungestört entwickeln kann; und das lässt wiederum beziehungsfähige neue Erwachsene heranwachsen.

Um das zu gewährleisten, mussten wir einen neuen Blick auf die mittlerweile oft diagnostizierten Phänomene wie Stress und Burn-out entwickeln. Der individualistische Ansatz, bei dem in der Lebensgeschichte des Betroffenen gesucht wird, trägt allzu häufig nicht mehr. Das scheinbare Problem, nicht mehr »runterkommen« zu können, immer weiter zu rotieren, ist immer seltener ausschließlich auf spezielle Lebensumstände zurückzuführen, als vielmehr auf die beschriebene Kombination aus erhöhtem persönlichen Druck und der ständigen Beschallung durch Negativnachrichten in den Medien.

Diese Entwicklung enthält ohne Frage gesellschaftlichen Sprengstoff. Eine Gesellschaft, die sich immer weiter von ihrer Mitte entfernt und in einem dauerhaft hochgedrehten Modus agiert, rotiert sich damit selbst ins Abseits. Diese Gesellschaft jedoch besteht aus Individuen, diese Gesellschaft sind wir alle. Bei dieser Erkenntnis müssen wir ansetzen.

Vielleicht hilft das Bild vom Hebel in der Psyche, das ich

an verschiedenen Stellen benutzt habe. Solange dieser Hebel auf Katastrophe steht, wird es wenig nutzen, scheinbar wirkungsvolle Entspannungsstrategien anzuwenden. Ist der Hebel jedoch umgelegt, wird es umso wichtiger, die wiedergefundene innere Ruhe anhand individueller Möglichkeiten des Ausruhens beizubehalten.

Es ist ein wenig wie beim Umgang mit Kindern: Alle Er-Ziehung nützt wenig, wenn es auf der Be-Ziehungsebene zwischen Erwachsenem und Kind nicht stimmt. Und genauso wenig nützen Yoga, Urlaub oder Lektüreabende als Entspannung, wenn die Psyche sich im Katastrophenmodus dreht. Das eine kann erst funktionieren, wenn auf der anderen Ebene die Voraussetzung dafür vorhanden ist.

Glückliche Erwachsene sorgen für glückliche Kinder. Wer ständig wie vor oder in einer Katastrophe lebt, kann nicht glücklich sein. Deshalb müssen wir dafür sorgen, dass der Katastrophenmodus in unserer Psyche so schnell wie möglich abgeschaltet wird.

Register

Abgrenzung 206
Abhängigkeit 201
Abläufe 164, 173
Ablenkung 114, 120 f., 194, 196, 213
Abschalten 194 f.
Adrenalin 150
Adrenocorticotropin (ACTH) 150
Aggressivität 39
Alarmphase 151
Anerkennung 23
Anforderungen 10, 111, 136, 168, 227
Angebote 37, 195
Angst 10, 39, 72, 78 f., 86 f., 89, 127 f., 134, 151, 208
  Phantom- 153
Anspannung 212
Antriebslosigkeit 39
Appetitlosigkeit 150
Arbeitsplatzverlust 106
Ärzte 189 f.
Aufklärung 199
Ausbildungsfähigkeit 16, 47
Ausgeglichenheit 173, 208
Auswahl 81, 84 f., 89 f.
Auszeit 182

Bedrohungen 43 ff., 148, 150, 155, 188
Bedürfnisbefriedigung 18 f.
Beklemmungen 119
Belastungen 65, 67 f., 101, 148, 155, 167, 170, 188-191
Beschäftigung 138
Bescheidenheit, bewusste 222
Beschränkung 91
Bewältigungsphase 151 f.
Beziehungsstörungen 13, 46, 156, 159 f., 224, 227
Biller, Georg Christoph 94-97
Blogs 24, 63, 183
Burn-out 9, 55, 57, 76 f., 152, 191, 228

Computer 70 f., 74, 120-123
Cyber-Existenz 81

Dauerbelastung 68
Dauerbeschäftigung 121
Dauerstress 188
Denkblockade 177
Depressionen 9, 55, 57, 151, 170, 200
Diabetes 152
Dienstleistungen 52
Digitalkameras 84
Distanz 95 f., 189 ff., 197
Disziplin 166
Druck 40, 45 f., 52, 65, 73, 117, 159 f., 162, 164 f., 167, 196, 223
Durchschlafstörungen 38

Einschlafstörungen 38
Empathie 16, 223
Entfremdung 105
Entgrenzungen 205
Entlastung 212
Entmächtigung, innere 115
Entscheidungsfreiheit 78
Entschleunigung 53

Register

Entspannung 68, 105, 112, 119, 187, 194 ff., 207, 209, 211, 214
Entwicklungsstörungen 17, 36, 48, 169, 220, 223, 225, 227
Erfolgszwang 198
Erholungspause 66
Erreichbarkeit 75
Erschöpfung 9, 39, 55, 57, 111, 152

Facebook 71 ff.
Faulheit 114
Fehlentscheidungen 78 f., 86 f., 89
Fehler 52, 116 f., 166
Feierabend 64, 68
Fortschritt 192
Freizeit 68 f., 199-202, 204, 212
 -stress 114
Fremdbestimmung 47, 115

Gatekeeper 24
Gebet 206
Gehirnstau 177
Gehirnüberreizung 177
Gelassenheit 64, 160, 197
Gemeinschaft 12, 23, 184
Gereiztheit 39
Gerüchte 129
Gesellschaft 14 ff., 23, 34, 45-48, 50 f., 57, 168, 188, 181, 193, 225, 227 f.
 Online- 70
Getriebenheit 91
Glaube 181 f., 184 f.
Gleichgewicht 40
Glücklosigkeit 91
Grenzen 91, 96, 205
Grundschule 12, 20, 49

Haltlosigkeit 23
Handlungsunfähigkeit 79, 89
Handys 74, 76, 84, 121
Haut 40
Helicopter Parents 157
Herz-Kreislauf-Erkrankungen 151 f.
Hingabe 97
Hunger 58

Ich 70, 105 f.
 -Verlust 105 f.
Industrialisierung 105
Informationen 52, 104 f.
Interesselosigkeit 170
Internet 75, 81 f., 120 f., 133, 139, 183
Intuition 17-21, 33, 41, 52, 98-101, 156, 158, 164, 168, 197, 201, 208, 221, 228

Journalismus 24

Käßmann, Margot 181-185
Kästner, Erich 39 f., 217 ff.
Katastrophen 43, 50, 54, 58-61, 73, 78, 104, 106, 111, 125, 128 f., 133, 136, 143, 149, 153, 157 f., 190 ff., 221, 226
 -modus 100, 148, 159, 168, 181, 185, 188, 192 ff. 202, 207 ff., 212, 220, 223, 226 f., 229
 Natur- 58, 106
 Schein- 45, 48, 216
Kinderarbeit 34
Kindergarten 35, 37
Kirche 24, 183 f., 208 f., 211
Klatsch 129
Kloster 182
Kompromisse 91

Register

Konflikte 16, 164, 167
 -fähigkeit 166
Kontaktanzeigen 82
Kontemplation 206
Konzentration 12, 40, 177, 185
Kopfschmerzen 38, 151
Kortisol 150
Krankschreibungen 77
Krieg 58, 106
Krisen 10 f., 43, 46, 106

Langeweile 114 f., 169-172
Langsamkeit 99
Laptop 76
Lärmbeeinträchtigung 166
Leerlauf 64, 114
Leistungsbereitschaft, fehlende 16
Lernbereitschaft, fehlende 16
Lichtbeeinträchtigung 166
Lokalisierungsdienste 75
Lustorientierung 47

Magenprobleme 38, 151
Medien 24, 52, 71, 73, 131, 133 ff., 140, 143 ff.m 228
Mittagsmüdigkeit 38
Müdigkeit 165
 Mittags- 38
 Tages- 165
Multitasking 140 f., 175 ff.
Musik 135
Muskelverspannungen 151
Muße 99, 115, 171 f., 174 f., 177 ff., 196

Nähe 97
Naturkatastrophen 58, 106

Negativnachrichten 126 f., 143, 148 f., 155, 159, 168, 188, 191, 214, 223, 228
Netzwerke 81
Nichtstun 120, 138, 195, 204, 210, 212
Noradrenalin 150

Online-Gesellschaft 70
Online-Sucht 16
Ordnung 166
Orientierung 174, 181

Panik 127 ff., 155
Partnerschaftlichkeit 46
Partnersuchbörsen 81, 83
Partnersuche 82 f.
Partnerwahl 87
Perfektion 88
Phantomangst 153
Phantomstress 153, 155 f.
Plattformen 71, 81 f.
Produktivität 176
Projektion 46, 156

Rastlosigkeit 54
Reaktionsphase 151
Real Life 81
Reflexion 98
Reizüberflutung 162 f.
Revolution, digitale 26
Rituale 174, 179 f.
Rückkehr 210
Rückzug 39, 181, 184
Ruhe 10, 41, 66 f., 69, 75, 78, 97, 99, 118, 138, 164, 174, 183 ff., 194-197, 210 ff., 221, 223

233

innere 18, 52, 54, 64, 97, 100 ff., 105, 119, 148, 156, 168, 181, 207-210, 214
Rühle, Alex 136-139

Scheinkatastrophe 216
Schlaf 125
-störungen 38, 125, 165 f.
Schlaganfall 152
Schlüsselerlebnis 207 f., 214
Schnelllebigkeit 93
Schule 37
Schutzmauern 202 ff., 207 f., 214
Schweißausbrüche 18, 38
Schwingungen 40
Selbstbestimmung 119
Selbstbildung 49
Selbstisolation 39
Selbstlosigkeit 157
Selbstständigkeit 38
Selbstverwirklichung 200
Selbstzweck 171, 176
Sicherheit 23, 50 ff., 174, 179, 201
Sinn 45, 197, 199, 213
Spiritualität 183
Sport 152, 169
Stabilität 23, 149, 164, 193, 201 f.
Stille 184, 207 f., 210 f.
Stimmungen 40
Strafen 166
Streit 167
Stress 9 ff., 35, 38, 41, 65 f., 69, 73, 75, 78 f., 83, 86, 97, 114, 117 f., 123, 146, 149-156, 160 f., 164-167, 180 f., 187, 189 ff., 193, 195, 199, 204, 209, 212 f., 219, 228
-befreiung 194

Dauer- 149, 188
Freizeit- 114
-hormone 61, 150, 154 f.
-, moderner 65
Phantom- 153, 155 f.
-überlastung 86
Struktur 164, 173
Sucht 16
Online- 16
Symbiose 13, 41, 46, 156 f., 160, 162, 224

Tagesmüdigkeit 165
Talentförderung 168
Tätigkeitskultur 205
Telefonseelsorge 183
Terminflut 68
Terminkalender 41, 217 ff.
Tod 106
Tradition 94 f., 97
Traumatisierung 131, 133 ff.
Twitter 71

Übelkeit 38
Überdruck 98, 122
Überforderung 10 f., 17, 35 ff., 50, 57, 68, 85, 90, 101, 111, 114, 118, 133, 137, 149, 156 f., 159, 164, 168 f., 182 f.
Überlastung 64
Überproduktion 52
Unbehagen 114, 212
Unbeständigkeit 93
Unfreiheit 200, 202
Ungewissheit 128
Ungezwungenheit 206
Unmündigkeit 199
Unproduktivität 114

Unruhe 16, 18, 41, 64, 120, 125, 138, 180, 196, 210, 223
Unsicherheit 100
Unterdrückung 201
Unzufriedenheit 91, 187
Urlaub 76, 112, 138
  -planung 36

Veränderungen 149
Verfehlungen 116
Vernetzung 70
Verstehen 148 f.
Virtual Life 81
Vorlesen 179 f.
Voyeurismus 133

Wahl 79
Wahrheit 23 ff.
Wahrnehmung 48, 100, 165
  -probleme 16
Wahrscheinlichkeit 153 ff.

Waldspaziergang 212 ff.
Waren 52
Warten 18 ff.
Widerstände 209
  -signale 204
Wiederholungen 173 ff., 178 f.
Wirtschaft 50 ff.
Work-Life-Balance 68

Yeppie 87 ff.

Zapping 64, 70 f.
Zeit 175 f., 184
  -reisen 26 f.
  -verschwendung 170
Zentriertheit 97
Zittern 18
Zufriedenheit 92
Zwang 75, 77, 80 f.
  Erfolgs- 198

Das Konsumenten-Navi
für Vor- und Nachdenker

Was können wir noch konsumieren? Wo finden wir Informationen? Wie können wir uns schützen? Das Konsumenten-Navi von Hannes Jaenicke bietet reichhaltiges Material für den kritischen Verbraucher.

Hannes Jaenicke
DIE GROSSE VOLKSVERARSCHE
Wie Industrie und Medien uns zum Narren halten. Ein Konsumenten-Navi
192 Seiten / geb. mit Schutzumschlag
ISBN 978-3-579-06636-3

GÜTERSLOHER
VERLAGSHAUS

www.gtvh.de

Zündstoff für eine wichtige gesellschaftliche Auseinandersetzung

Unter dem Deckmantel eines »partnerschaftlichen« Umgangs erhalten Kinder weder Struktur noch Orientierung und entwickeln sich zu kleinen Tyrannen. Nur wenn unsere Kinder wie Kinder behandelt werden, können sie lebensfähig und glücklich werden.

Michael Winterhoff

Warum unsere Kinder Tyrannen werden

Oder: Die Abschaffung der Kindheit

GOLDMANN

224 Seiten
ISBN 978-3-442-17128-6

www.goldmann-verlag.de
www.facebook.com/goldmannverlag

GOLDMANN
Lesen erleben

Michael Winterhoff macht klar, was Kindern wirklich hilft

Wie kann man verhindern, dass Kinder zu Tyrannen werden? In seinem Buch weist Michael Winterhoff anhand zahlreicher Fallbeispiele Wege aus der Erziehungskrise: damit Kinder fröhlich aufwachsen und sich zu beziehungs- und arbeitsfähigen Erwachsenen entwickeln.

Michael Winterhoff

Tyrannen müssen nicht sein

Warum Erziehung allein nicht reicht – Auswege

Vom Autor des Bestsellers »Warum unsere Kinder Tyrannen werden«

GOLDMANN

240 Seiten
ISBN 978-3-442-17202-3

www.goldmann-verlag.de
www.facebook.com/goldmannverlag

GOLDMANN
Lesen erleben

Michael Winterhoff hilft, wenn die „Tyrannen" erwachsen werden

Wie man Jugendlichen an der Schwelle zum Erwachsensein helfen kann, trotz erzieherischer Defizite nachzureifen, beschreiben die Autoren in diesem konstruktiven Buch, das die Behebung der „kindlichen Tyrannei" konsequent weiterentwickelt.

224 Seiten
ISBN 978-3-442-17270-2

www.goldmann-verlag.de
www.facebook.com/goldmannverlag

Um die ganze Welt des
GOLDMANN Verlages
kennenzulernen, besuchen Sie uns doch
im Internet unter:

www.goldmann-verlag.de

Dort können Sie
nach weiteren interessanten Büchern *stöbern*,
Näheres über unsere *Autoren* erfahren,
in *Leseproben* blättern, alle *Termine* zu Lesungen und
Events finden und den *Newsletter* mit interessanten
Neuigkeiten, Gewinnspielen etc. abonnieren.

Ein *Gesamtverzeichnis* aller Goldmann Bücher finden
Sie dort ebenfalls.

Sehen Sie sich auch unsere *Videos* auf YouTube an und
werden Sie ein *Facebook*-Fan des Goldmann Verlags!

www.goldmann-verlag.de
www.facebook.com/goldmannverlag